〈家父長制〉は無敵じゃない

THE BIG PUSH

〈家父長制〉は無敵じゃない

日常からさぐるフェミニストの国際政治

シンシア・エンロー 著
佐藤文香 監訳

岩波書店

THE BIG PUSH
Exposing and Challenging the Persistence of Patriarchy
by Cynthia Enloe

First published 2017 by Myriad Editions, Oxford.
This Japanese edition published 2020
by Iwanami Shoten, Publishers, Tokyo
by arrangement with Louisa Pritchard Associates, London
through Japan UNI Agency, Inc., Tokyo.

日本の読者のみなさんへ

この数十年ずっと、わたしは日本のフェミニストたちから学んできました——軍事化と非軍事化のジェンダー化された過程について。男性ツーリズムのセックス化について。「サラリーマン」をつくりあげている男らしさについて。移民家事労働者のジェンダー化された政治について。最近では、彼女たちは、ハイヒールについて考えてみるきっかけを与えてくれました。

刺激的な#ＫｕＴｏｏ運動[*1]をたちあげ、活動をおしすすめてきた日本の人びとは、家父長制の日々のはたらきを露わにする——そしてこれに挑む——ことが、どんなに大変であるのか、思いださせてくれました。家父長制は信念と慣習からなる複層的な構造です。それは特定の男らしさを特権化するだけでなく、男性化された特権を支えることは自分たちにとっても得になると考えるよう、多くの少女や女性たちを誘います。

もしも家父長制社会がむきだしの抑圧に依存しているのなら、長続きはしないでしょう。だからこそ、家父長制の魅力を決して軽んじるべきではないのです。家父長制は、その大小さまざまのはたらきから恩恵を受けている男性たちにとって魅力的なだけでなく、あらゆる社会における驚くほど多くの少女や女性たちにとっても魅力的なのです。きれいだといわれて、少女が誇らしく思うこと。「積極的」にみえると世間受けが悪いだろうか、と女性が心配すること。自分の言動を窮屈で支配的な「きちんとした女らしさ」のモデルに押しこめば——昇進や結婚、友人関係によって——報われるだろう、と少女や女性たちが考えること。こうした感情、希望、信念を一定数の少女と女性がいだくことによって、家父長制はつづいていくのです。

このように認識するからといって、女性たちが家父長制を支えていると責めているのではあ、、、、りません。ほとんどの社会――そしてほとんどの家庭、組織、国家、国際機関の内部――で、家父長制を持続させるような規則や報酬を決定する権威と影響力をもつのは男性なのですから。それでも、多くの少女や女性たちが毎日のように見定めている家父長制の魅力を理解し、分析することは、家父長制の脆《もろ》さを明らかにすることにつながるでしょう。家父長制がいかにつくられ維持されているのか、しっかりと理解するためには、女性や少女の生活と考えに真剣にむきあわなければなりません。

家父長制を維持するには、相互に関連する多くの過程が必要です。それは家父長制の強靭さの源にみえるかもしれませんが、じつはその脆さでもあるのです。家父長制的な考えや構造にたいして、いくつもの段階で異議を申し立てることができるのですから。

会社経営者が、仕事をつづけたいなら危険な靴を履くようにと女性従業員に命じること。このことは、政治的権力を観察する人びとにとってとるに足りないことのようにみえるかもしれません。しかし、フェミニストたちは、些細だと片づけられてしまうものに注意をむけるよう教えてくれました。じつのところ、社会という大きな織物に織りこまれた、「とるに足りない」とされる規則と期待のパターンこそが、家父長制なのです。何十もの国のフェミニストたちが考えてみるまで、結婚をめぐる慣習は往々にしてとるに足りないこと、あるいは「たんに個人的なこと」だと考えられてきました。家庭での子育てへの期待や、銀行のジェンダー化された貸付基準もそうです。あるいは、国会の会議時間の設定や、男性の裁判官が女性の弁護士の発言をさえぎる回数。農作業で男性が田畑を耕し、女性は草とりにまわされること。男性が自動車やバイクの運転をおぼえるのに、女性は公共バスを使用しがちになること。年長の男性が部下の女性とのやりとりで「普通」におこなう身体的なジェスチャー。これらもまた、「とるに足りない」とされてきたことでした。

このような「ちょっとした」、あるいは「とるに足りない」ダイナミクスを、だれが気にかけるというのでしょう? フェミニストたちです。何世代にもわたって慎重に分析することで、なにげない日常的な、いわゆる些細な習慣こそ、わたしたちが家父長制と呼ぶ不公平で抑圧的なシステムの維持に不可欠であることを知っているからです。

だからこそ、フェミニストたちは――ジャーナリストや活動家、研究者として――「とるに足りない」と誤って思われている習慣を体系的に調べるのです。そして、自分たちの発見を公表し、法や文化に変容をもたらそうと、運動のためにこれを用いるのです。

もちろん、#KuToo運動も、なにもないところからはじまったわけではありません。それは、世界的な#MeToo運動のうねりのなかでおこったものでした。二〇一九年の東京地裁においてジャーナリストの伊藤詩織さんが勝訴したことは[*2]、日本の女性たちの集合的な訴えにたいする大きな力となりました。はたらく女性が男性から性的対象物として扱われてはならない、という訴えです。

少女や女性のモノ化は、家父長制の要石です。それは少女や女性を、男性の所有物や被扶養者だと思わせます。所有物であるとは、管理すべきモノへと格下げされることです。男性――父親、夫、求婚者、兄、政策決定者、スポーツのコーチ、アーティスト、映画監督、雇用主としての男性――の役にたつか、その欲求を満たすということにのみもとづいて判断されるということです。モノ化されるとは――法や慣習、想定において――自律した人格を否定されるということです。それはつまり、市民権の否定でもあります。一世紀前に、日本の婦選獲得運動の女性たちが、女性のモノ化に抵抗したのもよくわかります。

伊藤詩織さんの件でも明らかになったように、職場のセクシュアル・ハラスメントに公然と異議を唱えるには、今でも個人の勇気が必要です。そして、個人の勇気がなくてはならないことは、家父長制の持続を助けるダイナミクスのひとつです。テレビのスタジオであれ、国会、官公庁、ファストフードのレストラン、あるいは自動車工場であれ、家父長制的な権力の不均衡はつづきます。それは、男性が、女性従業員とは自分たちの男性化された利害のために存在するのだと考えることを後押しし、同時に、女性が、望まないのに男性から言いよられてしまった責任は自分にあると信じ、黙って恥じるほかないと結論づけるのを後押しすることで、つづいていくのです。

運動をおこすこと、国内で、あるいは国境をこえて運動をおこすこと――たとえば女性参政権運動、反セックス・ツーリズム運動、反DV運動、反セクシュアル・ハラスメントの#MeToo運動と#KuToo運動――は、とても大切なことです。なぜなら、こうした運動は一人ひとりの女性に目にみえるサポートをもたらすのだし、性差別的な黙殺と孤立こそが、家父長制を強化してきたのですから。「あなたはひとりではない！」――不当な扱いを受けるすべての少女と女性へむけられたこのメッセージは、家父長制の土台をゆるがすことでしょう。

訳注

＊1　#KuToo運動とは、二〇一九年一月、職場でのハイヒール着用に疑問を投げかけた石川優実氏のツイートをきっかけにはじまった運動。「#KuToo」は、性暴力にたいする「#MeToo運動」に着想を得

つつ、「靴」と「苦痛」とを掛詞のようにくみあわせてつくられている。

＊2　ジャーナリストの伊藤詩織氏は、望まない性行為を強要されたとして元ＴＢＳワシントン支局長の山口敬之氏を訴えた。二〇一九年一二月一八日、東京地裁は訴えを認め、山口氏に三三〇万円の賠償を命じたが、氏は判決を不服として東京高裁に控訴している。

目次

序章　トランプだけが問題なのではない

告白しよう。だれかが「家父長制」と口にするのを聞いたとき、その場から走って逃げたくなった。それは気持ちのよい六月の午後で、わたしたちはピクニックテーブルを囲んで座っていた。女性と国際開発にかんする早朝の会議をおえた昼休み。心躍る時間だった。だれもが自分たちの経験をふりかえり、あらたな直感をやりとりしていた。サラダと飲み物を楽しんでいたそのとき、「家父長制」という言葉が聞こえた。わたしは逃げだしていた（いや、アイスティーのおかわりをとってくる、といっただけだったかもしれないけれど）。

「家父長制」。ひどく重々しく、直接的で、なんともイデオロギー的な響きのある言葉だった。わたしは、イデオロギーには、少なくともそれを自分で使うことには関心がなかった。むしろ、政策や行動にひっそりとしのびこんでいる日常的な性差別のニュアンス、厳しい現実、ありふれたしくみに興味があった。

しかし、わたしはまちがっていた。家父長制はニュアンスを消しさりはしない。それはありふれたものを見落としはしない。その後次第にわかったことだが、家父長制という概念は、複雑なものをたいて単純なものに変えてしまう棍棒などではない。まったく逆だ。家父長制は懐中電灯であって、それなしではわたしたちが見落としてしまうかもしれないものに目をむけさせてくれる概念である。人種化された性差別、ジェンダー化された女性蔑視、そして男性化された特権。それらのなかの大きなものと小さなもの、とらえにくいものとあからさまなものが連続していることを目にみえるようにしてくれる概念なのである。

ドナルド・トランプは、家父長制を存続させようとする人びとへの最新の贈り物かもしれない。彼の知名度、へんてこなツイート、突拍子もない主張、そう、それにあのオレンジの髪でさえ、どれもわたしたちの注意をひくのに一役買っている。今日、ブライトンからボストン、そして北京にいたるまで、「トランプ」といえばすぐに反応がかえってくる。トランプが舞台を独り占めしているのだ。

規格外の人物による家父長制的な陰謀に目を奪われるのは危険だと思う。家父長制的な考えや関係性を存続させている、より目立ちにくく、より陰湿なダイナミクスにたいする好奇心を減少させてしまうからだ。家父長制はドナルド・トランプ以前から——そして現下のナショナリスティックで、人種差別的で、女性蔑視的な諸政党の興隆の前から——存在していた。家父長制のありふれた要因についてともに思索を深めなければ、トランプが自分のゴルフクラブに引退し、あたらしい右翼政党が一時的に敗北を喫したあとにだって、家父長制は存続することになるだろう。

こうした懸念を胸にわたしは本書を執筆した。本書ではトランプにかんする記述が大部分を占めるわけではない。しかし、わたしを執筆へむかわせたのは、規格外の政治家への拘泥がわたしたちに自省や深い探究を忘れさせてしまうのではないかという、まさにその懸念だったのである。

母の、そしてわたし自身のアメリカの戦跡への旅についてあらためて考えるよう後押ししてくれたのは、ヤーナ・リップマン、ヴェーナデット・ゴンザレス、そして最近亡くなった親愛なるテレシア・テイワだった。旅行者として広島を訪れることの意味を真剣に考えるよう忠告してくれたのは、伊藤るりと、彼女の友人の素晴らしい日本のフェミニストたちだった。アイシェ・グル・アルトゥナイとアンドレ・ペトは、第一次世界大戦にかんする語り、とりわけその悲惨な戦争にたいするトルコ人女性たちの理解について考えさせてくれた。ジェフ・ハズマンスとホアン・ノゲイラは国際社会学の枠組みを柔軟にとらえて軍人の妻たちの些細なジェスチャーを理論化の材料とすることを認めてくれた。今もつづくわたしのフェミニスト的意識への旅をふりかえるよう誘ってくれた、アメリカ学術団体協議会のポーリン・ユー、カンディス・フリーデ、スーザン・ベイリー、フィリッパ・レヴァインにも感謝したい。もともと雑誌論文として発表された五つの章はいずれも、本書の核心となる問いに焦点化するために大幅な修正と再構成をしているが、その船出にあたってはこれらの編集者と研究者仲間の励ましが後押ししてくれた。

アン・マリー・ゲッツ、ナディーン・プイーチガーバル、マデレイン・リース、ネラ・ポロヴィッチ・イザコヴィッチ、エリン・リス、シンシア・ロスチャイルド、サナム・ナラギ・アンダリーニ、レナ・アグ、ローラ・ミッチェル、イザベル・ゲスケンス、ミケイラ・ルトレル＝ローランド、カーラ・アフォンゾ、アドリエンナ・ベンジュミア、クリスティン・アン、そして婦人国際平和自由連盟（WILPF）の活動家たちはみな、個別に、あるいは一緒に、国際連合の深くジェンダー化されたしくみを教えてくれた。彼女たちのおかげで、グローバル化されたフェミニストたちの努力に気づくことができた。フェミニストたちは、国連の建前主義に挑んでいた。そして、戦時の暴力と戦後の家父長制にたちむかい抵抗する女性たちの生活、国連の掲げる「女性、平和、安全保障」が意味あるものになるよう、奮闘しているのだった。

　本書の記述については、ジェンダーへの関心にもとづいた思慮深い調査と報告をおこなってくれたソハイラ・アブドゥラーリ、サネ・テアリンゲン、ハンナ・クーイ、シンホエ・ジャン、ベアトリクス・キャンベル、メリッサ・ベン、ガザル・ザルフィカール、マヤ・アイヒラー、アニータ・ファボス、デニース・ベビントン、クリステン・ウィリアムス、ヴァレリー・スパーリングに負っている。また、批判的な研究者であり友人であるケン・ブースとトニ・アースキンは、今日の国際政治にたいしてカルメン・ミランダがもつ意味をあらためて検討してみるよう、わたしを後押ししてくれた。

　どんな著者も、ひとりで考えたり書いたりすることはできない。友人たちは、新鮮な問いを投げかけ、信頼できるあらたな情報源へと導き、この暗い時代に積極的にかかわっていけるよう元気づけてくれる。本書のプロジェクトをとくに育ててくれたフェミニストの友人たちには、ギルダ・ブラックマン、セレナ・ヒルシンガー、フィー・ファム、ローラ・ズィマーマン、マーガレット・ブルーマン、ボブ・ベンウィック、デビー・リコリス、エイミー・ラング、ジュリー・エイブラハム、アリーン・グレイバウ、ルイース・ワッサーシュプリング、アンナディス・ルードルフスドッティル、スイガ・インガドッティル、イルマ・エーリングスドッティル、そして、活発で政治通の日曜午後の女子会《サンデー・アフタヌーン・ガールズ・グループ》と地元のフェミニスト運動家たちがいる。

　カバーの素晴らしい絵の作者は、アイスランドの著名なアーティストであるカロリーナ・ラールスドッティル（アイスランドのファンにとってはたんに「カロリーナ」）だ。はじめてこの絵をみたとき、おおいに笑った。この鈍感な、スーツを着た家父長制的男性たちは、自分たちになにがおきているのか明らかにわかっていない。彼女がこの絵につけたタイトル「ビッグ・プッシュ」は本書のタイトルにもなった。原画のデジタル版はジュリー・クレイトンとエレン・スィップルによりつくられた。表紙に彼女の絵を使用することを許可してくれたカロリーナ・ラールスドッティルの家族と代理人の方々に感謝したい。

　トランプ、ブレグジット、そして人種差別的で女性蔑視の右翼政党が急速に台頭する時代にあって、本や新聞——手にもつことができるような書きものならなんでも——をあらたに読みはじめた人びとがいる。市民として時事を追うにはインターネットで十分だと一時は考えていた人びともふたたび戻ってきている。どうやら本は、ドードー[*1]やファックス機とおなじ道をたどるわけではないらしい。書物——フィクションも、ノンフィクションも——は、綿密で透明性の高い調査にもとづいた複雑な分析をおこなうための源泉になる。自分自身のものとは大きく異なる多様な生をみせてくれる。書物は、読まれ、読みかえされ、ゆっくりと時間をかけて吸収される。共有され、驚くような対話のきっかけとなってくれる。

　だからこそ、わたしがキーボードをたたいて書いた原稿を、こうして読者のみなさんが手にしている立派な本にするために尽力した献身的な人びとに、かつてないほどの思いをこめて感謝を伝えたい。カリフォルニア大学出版局からの出版にあたって、わたしの長年の友人である編集者のナオミ・シュナイダーは、洞察力ある船長だった。ミリアド出版の素晴らしい出版チームには、デザイン会社アイロニック・イタリックス社のリンダ・マックイーン、ドーン・サケット、ルイーザ・プリチャード、イザベル・マクリーン、リロン・ギレンバーグが参加してくれた。ミリアド出版の舵をとったのはカンディーダ・レイシーとコリン・パールマンという最高のフェミニスト・チームだ。キューバのカフェ・コン・

レチェにわたしたちがいかに助けられたかいつか明らかにしたい。カンディーダとわたしにとって、このプロジェクトは特別な意味をもっていた。なぜって、彼女はわたしの初期の仕事である『バナナとビーチと軍事基地』の初版の編集者だったのだから。

カロリーナの絵をわたしにくれたのはパートナーのジョニ・シーガーだった。この素晴らしい絵を大笑いしながら眺めたとき、隣にいたのはジョニだった。現代化する家父長制のねじれやゆがみを探究しつづけてきたわたしには、ずっとジョニがいた。笑い、皮肉、エネルギー、好奇心、親交をともにわかちあうこと——それこそが、持続可能なフェミニスト・パートナーシップの姿だ。

第一章　ピンクのプッシーハット vs. 家父長制

北部の高い木々の下には雪が残り、固そうな路面がつづいている。塩で白くなった田舎道に車の姿はない。ただ歩行者の小さな一団が、交差点にむかって歩を進めている。一二人ほどだろうか、ほとんどがピンク色の帽子をかぶり、なかにはポスターを掲げている者もいる。二〇一七年一月二一日。これが、カナダのノヴァスコシア州サンディコーヴ(人口は六五人)でのウィメンズ・マーチだった。[1]

そのおなじ寒い土曜日、車で西に一七時間行った先ではトロントのウィメンズ・マーチがおこなわれていた。推定五万人のカナダ人の集団がいた。[2] 一月二一日、カナダでは全部で三四の市町でウィメンズ・マーチがおこなわれた。南にむかって国境をこえれば(アメリカの国境警備隊員に止められなければの話だが)、さらに大きな行進にくわわることもできただろう。ボストン一七万五〇〇〇人、ニューヨーク五〇万人、そして最大規模だったワシントンDCでは推定五〇万人から六八万人が行進に参加した。[3]

ワシントンのウィメンズ・マーチは、テレサ・シュックがはじめたものだった。この退職したハワイの女性は、二〇一六年の大統領選直後に、フェイスブックで友人たちに呼びかけた。一月にワシントンへおもむき、一緒に選挙の結果に抗議しないか、と。

テレサ・シュックは、アメリカ人の女性有権者、現代の家父長制、そして二〇一六年大統領選のジェンダー化された人種差別的なダイナミクスの複雑な関係のなかにいた。二一世紀のアメリカ大統領選ではいつも、白人女性のうち半数を少し上回る数が共和党選出の大統領候補に投票してきた。白人女性で民主党選出の大統領候補に投票する傾向がもっとも高かったのは、独身かつ／または大学教育を受けた人びとだった。

二〇一六年の一一月一一日におこなわれた出口調査によれば、全アメリカ人女性有権者のうち五四％がヒラリー・クリントンに投票している。クリントン支持の割合は、とくに有色の女性たちのあいだで高かった。半数を少しこえる白人女性がトランプに投票する一方で、クリントンに票を投じたのは全男性有権者のうち四一％だけだった。ここでも人種のちがいは明らかで、有色の男性ではクリントンへの票が多数派だった④。

これが意味しているのは、投票者（と非投票者）の女性と投票者（と非投票者）の男性の生活において、ジェンダー、人種、階級、学歴、婚姻がいかに作用しているかを探ってみなければ、国の重要な選挙の結果に家父長制がどうはたらいているか、真相を見究めることはできない、ということだ。

選挙後にはよく「女性がクリントンを見捨てた」といわれた。だがこれは誤りだ。主要な人口統計カテゴリーのすべてにおいて、二〇一六年の大統領選で民主党選出候補に投票した女性の割合は、最近の大統領選挙での民主党選出候補の男性への投票率よりも高い。しかし、二〇一六年の大統領選におけるジェンダー化されたダイナミクスは誤って描きだされ、その結果、二つの考えが残ることになった。いずれの考えも、一定数の人びとがそれを内面化したなら、現代アメリカの家父長制を持続させることができるようなものだ。家父長制を持続させる考えのひとつめ。「アメリカ人女性」などというものは存在しない、なぜならアメリカ人女性は多様であるばかりか深く分裂しており、相互に敵対すらしているのだから。家父長制は、「キャット・ファイト」という、女性同士のいがみ合いの劇画的なイメージによって維持されている。家父長制を持続させる二つめの補完的な考え。アメリカ人の女性有権者のほとんどは、選挙に立候補する女性をよく思って／信じて／尊重して／認めてはいない。別のいい方をすれば、アメリカの政治生活において女性の周縁化がつづいたとしても、アメリカ人女性の大半にとっては問題ではない。ほとんどの女性にとって、男性が国の政治システムを牛耳っている家父長制的システムは快適なのである。

テレサ・シュックが選挙後にフェイスブックに投稿したひかえめな提案は、人びとの心をゆりうごかした。ワシントンのウィメンズ・マーチは、すぐさま国内外で活気ある運動となり、テレサ・シュックがコントロールできる限度をあっという間にこえてしまった。四人の若いフェミニストたちがバトンを受けとり、ワシントンのウィメンズ・マーチを組織する役割を担った。四人のうち半分以上は有色の女性だった。一月中旬には、四人が一四人になった。運動を組織した団体はどれひとつとして、これほど急速に発展し、各地に拠点をもつ大規模で複雑な運動を組織したことがなかった。しかし彼女たちは、力量、視点、経験という道具箱を集団としてもちあわせていた。ウィメンズ・マーチと、そこから派生した多くの「姉妹の行進」を成功させるには不可欠であることが明らかになった道具箱だ。具体的には、フェミニストの交差的な分析的思考、人権について主張してきた経験、反人種差別の組織づくり、資金調達のネットワークの数々、連携づくりの経験、ウェブデザインと商品販売の技術、そして非暴力的で直接的な行動の訓練など。そしてこれらの技量は、ある共通の信念と結びつけられた。もっとも幅広い動員は、たくさんの草の根イニシアティヴからこそ生まれる、というものだ。

　ウィメンズ・マーチは地域レベルで組織され、「クリントンの地盤」としばしばステレオタイプ的にみられる場所以外でも活発におこなわれた。ジェンダーや人種が複雑にからみあう問題にたいして頑なに保守的だと十把一絡げに描写される地域においても、行進はおこなわれた。

　南極からフィジーまで、トランプの当選をきっかけにはじめられた全六七三のウィメンズ・マーチは、多くの観察者たちの不意をつくことになった。場所によっては、公的な政治的デモへの参加は個人的なリスクと背中あわせのものだ。

　アメリカ人女性の組織者たちは、ワシントンのウィメンズ・マーチにおける原則とねらいをリストにして発行した――女性の権利の支持、反暴力、(制度的・政治的・個人的)人種差別への反対、トランスジェンダーの権利の支持、性と生殖にかんする権利の支持、国民医療保険の支持、気候変動の原因と結果にとりくむ政策の支持[5]。しかし、行進の主要な特徴のひとつは、地域レベルの参加によって喚起された個人の自発性と創造性である。その象徴となるのが「プッシーハット」、ピンク色かマゼンタ色の毛糸で編まれた帽子だ(たいていは、着用者本人かその知りあいが手づくりした)。そのままでは四角い帽子だが、頭にかぶると二つの角が猫の耳のようにとびだす。フェミニストのメッセージだ。「プッシー」[*1]は、録音された会話のなかでドナルド・トランプが用いた侮蔑的な言葉だった。彼は他の男性たちにたいして、相手の女性が拒否しても性的に接近する手管を自慢げに語ったのだ。ピンクのプッシーハットは、そうした女性蔑視にたいする皮肉めいた抵抗として編まれ、かぶられたのである。

　フェミニストの世界的な編み物運動のはじまりは、ロサンゼルスに住む二九歳の脚本家クリスタ・サーが、一月のワシントンDCを暖かい格好で行進する方法を考えていたときにさかのぼる。彼女は考えた。「なにがおきているかを視覚的に伝える方法はないだろうか?」ロサンゼルスの手芸店リトル・ニッタリーの編み物仲間にも問いかけた。彼女たちは協力して、集合的なフェミニストのメッセージを示すことができる簡単で色鮮やかな編み物の図案をつくりあげた。口コミでひろがるよう、そして自分たちのプロジェクトを草の根でひろげられるよう、彼女たちはその簡単な図案をフェイスブック、それから世界中の編み物ファンがみるウェブサイトに投稿した。これがまたたくまに拡大したのだ[6]。

　多くの行進で女性と男性が掲げていたボード（棹や棒は禁止されていた）には、さまざまな色や字体が使われていた。ボストンでは、手書きのボードを頭上に掲げる女性がいた。「先住民の女性は、存在している、抵抗する、たちあがる！」彼女の隣では、別の女性が自分のボードを掲げている。「女性の大統領はかならず誕生する！」おなじ頃ワシントンでは、ピンクの帽子をかぶった女性がボードを背負っていた。「激怒していないなら、あなたは注意不足だ」。ある中年の女性は、道路清掃の機材の上にのぼってボードを掲げた。「過激派と呼ばないで。わたしたちは見識ある市民です」。ワシントンの別の参加者が掲げた段ボールのボードは、エレノア・ルーズベルトの言葉をひいていた。「女性はティー・バッグのようなもの――熱いお湯にいれてはじめて、その強さに気づくのです」。

　いくつかの都市では、一九〇〇年代前半の婦人参政権論者の服装をまねて、「女性に参政権を」と書かれた緑、白、紫のたすきをかけた女性たちもみられた[7]。

　カナダ人作家のマーガレット・アトウッド[*2]は、行進の参加者からたくさんのメッセージが届いていると伝えた。添付された写真には、彼女が書いたベストセラーのディストピア小説『侍女の物語』に着想を得たボードが写っている。物語は、全体主義国家が女性の身体を統制する暗い未来についてのもので、ある参加者のボードはこう宣言している。「マーガレット・アトウッドの物語を現実にしてはならない！」⑧

　ワシントンの行進に参加した者のなかには、自国にその様子を伝える海外出身のフェミニストたちもいた。たとえば行進を観察していた中国人のフェミニストたちは、ジャーナリストや翻訳者として、中国にいる活動家の仲間になにがおこっているのかを知らせようとした。彼女たちの話では、中国の保守派はウィメンズ・マーチの掲げる原則と目的を疑わしいものにしようとして行進の様子を意図的に誤訳したり誤った伝え方をしたりしているので、自分たちの報告が必要だということだった。⑨ある中国人大学院生は、自分がそこにいるのは中国にいるフェミニストの仲間にボードとかけ声《コール》を翻訳して伝えるため、行進している人びとのエネルギーを感じるため、そして、性差別的な中国の記者やツイッター利用者たちによって行進の描写をゆがめられないようにするためだと語った。⑩

　世界中でおこなわれた姉妹の行進は、一月の行進がもっていたトランスナショナルでオープンな精神にそいながらも、そのグローバルに共有されたメッセージをローカルな関心事とつなぎあわせた。たとえば、フェミニスト反軍事主義グループであるベオグラード・ウィメン・イン・ブラック*3の創設者のひとり、レパ・ムラデェノヴィッチは、一月二一日におこなわれたベオグラードのウィメンズ・マーチはセルビアの小さな町々から首都へとやってきた五人の女性に率いられたと語った。彼女たちは、白色の太字で「Ženski Marš Protiv Fašizma（ファシズムに反対する女性の行進）」と書かれた幅広の紫の横断幕を掲げていた。「ファシズム」という用語は、アメリカのフェミニスト活動家のあいだではあまり使われないが、多くのヨーロッパのフェミニストたちのあいだではより深く、するどく共鳴する。それは、権威主義的統治、人種差別、軍事主義、女性の身体的・知的・政治的自律の軽視といった特徴的なパッケージを意味しているのである。ベオグラードのウィメンズ・マーチに参加した女性たちの考えでは、トランプがおこなう主張はファシストの主張だった。そしてそうした主張は、ドナルド・トランプの大統領就任以前から、セルビアその他の旧ユーゴスラビア地域ですでに影響力をもちはじめていたものだった[11]。

多様な社会で幅広く参加者のあつまる運動は、いずれも、グローバルな対話と動員だけではなく、特定の時期にそれぞれの地域で進行している政治的不安、議論、行動のただなかで生じるものである。ダブリンでは、二〇一七年一月のウィメンズ・マーチは、妊娠中絶を禁止するアイルランド憲法修正第八条の廃止をもとめる国民運動が苦境にたたされているなかでおこなわれた。アイルランドの著名なフェミニストであるアルヴィ・スミスによれば、ダブリンのウィメンズ・マーチには、それが「世界的な抵抗」の一部であり、アメリカのフェミニストたちとの「団結」であるという自覚があった。しかし他方で、さまざまなポスターのなかにあった緑と青の長い横断幕に、この行進の特徴はあらわれていた。七人の女性とひとりの男性によって掲げられた横断幕には、こう書かれていた。「第八条廃止のための連合[12]」。

ストックホルムでは推定四〇〇〇人がウィメンズ・マーチに参加した。そのなかには、トランスナショナルな反軍事主義団体である婦人国際自由平和連盟（WILPF、スウェーデン語ではikff）のスウェーデン支部で活動するエリン・リスがいた[13]。ちょうど七カ月前、多数の地域団体のスウェーデン人フェミニストたちがスウェーデンの数々の人権組織とともに、南部のマルメにあつまった。スウェーデンへのニューカマーたちの権利とニーズを議論することが課題だった。ニューカマーたちの多くは、イラク、シリア、ソマリア、スーダン、アフガニスタンといった戦争地帯から避難してきた人びとだった。スウェーデンは多人種で文化的に多様な社会へとむかう途上にあったが、その道のりの険しさが明らかになりはじめていた。スウェーデンには、「フェミニスト的外交政策」の追求をはじめて（二〇一五年）宣言した外務大臣、マルゴット・ヴァルストロームがいた。ヴァルストロームによれば、フェミニスト的外交政策とは、女性と少女の権利の促進を優先し、国家があらゆる領域で人権に責任を果たし、軍事的対応よりも外交を優先する政策である。[14] リスをはじめとするスウェーデンのフェミニストたちは、自分たちが国内外で何十年ものあいだ目指してきたものがこのヴァルストロームの声明によって裏づけられたと、勇気づけられた。対照的に、自動車のみならず戦闘機の製造もおこなうサーブ社など、国内の武器輸出企業にかかわりのある人びとは警告を発した。スウェーデンは世界の武器輸出国上位一〇カ国に入るほどではないが、サウジアラビアのような国々への武器輸出は国の経済成長に大きな役割を果たしていた。[15] そういうわけで、一月二一日にストックホルムで行進に参加した人びとは、トランスナショナルなフェミニズムにたいする信頼を表明したのである。その交差的なあり方は、トランプの政治方針にたいする反対を、グローバルな妊娠中絶の権利や気候変動防止への支持と結びつけ、さらに、急速に台頭してきた反移民ナショナリスト政党であるスウェーデン民主党への抗議ともくみあわせるものだった。[16]

つまり、二〇一七年一月の各地の行進は、たんにアメリカにおけるいくつもの選挙運動の結果だったというわけではなく、他の国の選挙運動の渦中でおきたものでもあったのである。多くの参加者の頭にあったのは、自分たちの地域におけるナショナリスト政党の台頭だった。その指導者のほとんどが反移民・反難民運動に利用したのは、よそ者の男たちは強姦魔であるという脅し、そして、伝統的な家父長制的家族だと彼らが考えるものの擁護だった。フランスの行進に参加した人びとが、二〇一七年五月のフランス大統領選における最終候補のひとり、マリーヌ・ル・ペンが率いる反移民政党の国民戦線[*4]に注意深く目をむけていたとき、隣国ドイツではウィメンズ・マーチの参加者の多くが、きたる二〇一七年九月におこなわれる自国の選挙について考えていた。行進は、ドイツの反移民、出産奨励主義的ナショナリスト右翼政党である「ドイツのための選択肢（AfD）」の興隆にたいする懸念を表明した。ベルリンに集った多くの参加者が、象徴的なブランデンブルク門を背にしながら、ヒトラーとドナルド・トランプをならべたボードを掲げた。赤、白、青で彩られたヒジャブを着た女性を描いたボードを掲げている人びともいた。そこに添えられていたのは「わたしたち市民は恐怖に屈しない」という言葉だった。その隣の女性たちが掲げていた手づくりのボードには「わたしたちの体、わたしたちの心、わたしたちの力」、そして「もう一度人種差別主義者をすみに追いやろう」と書かれていた。

選挙政治、反ナショナリスト的で移民の権利擁護の政治、反人種差別、性と生殖の権利、反女性蔑視、民主主義の支持——現代フェミニズムにおけるこれらのとりくみの交差が、二〇一七年のウィメンズ・マーチで物理的に目にみえるようになった。その一方で、それぞれの行進には各地域に特有の共振があった。ただ興味深いことに、世界中のウィメンズ・マーチの参加者は、ほとんどだれも軍事主義についての明白な懸念を表明しなかった。行進があった国のほとんどにかかわりがあるイラクとアフガニスタンからNATO軍が撤退したことで、もっとも直接的で血なまぐさい軍事主義にたいする抗議者たちの意識をいくらか鈍らせたのかもしれない。二〇一七年一月頃には、国旗で包まれた兵士の遺体がカナダ、アメリカ、デンマーク、スウェーデン、イギリスに戻ってくることはもはやほとんどなかった。しかし他方で、WILPFやウィメン・イン・ブラックといったトランスナショナルなフェミニスト反戦団体で長く活動してきた多くの女性たちは、行進が自分たちの探究と運動を強化すると考えていた。また、一月に行進に参加した多くの人びとの胸中には、シリア、イエメン、ソマリア、スーダン、コンゴの紛争地帯から逃れて難民となった女性たちや男性たちの窮状が刻まれていた。さまざまな国で行進に参加した多くの人びとは、戦争と軍事主義に異を唱えるボードやスピーチがなくとも、これまでフェミニストが戦争と軍事主義のジェンダー化された種子だと指摘してきたもの——男性化、ナショナリズム、人種差別、排外主義、女性蔑視——にたいして抗議しているようだった[17]。

イギリスのウィメンズ・マーチの参加者たちは、アメリカの参加者たちがかかえている目下の問題関心をもっともひろく共有していた。ウィメンズ・マーチの七カ月前の二〇一六年六月、イギリスでは厳しい問いを投げかける国民投票がおこなわれた。二八カ国からなるヨーロッパ連合(EU)に残るべきか、それとも脱退するべきか？ いわゆる「ブレグジット」キャンペーンの争点は、アメリカの大統領選挙戦で議論を巻きおこした多くの社会問題——移民、グローバリゼーション、雇用、国家主権——とおなじものだった。最終的には、イギリスの有権者の過半数、五二%が「脱退」に票を投じた。

「イギリス・ファースト」のナショナリストのこの勝利が、ドナルド・トランプの選挙戦を有利にしたとみる評論家もいる。ブレグジットによって、彼のナショナリスト的で排外主義的なレトリックは、正当とまではいかなくとも、少なくとも「正常」にみえるようになった。ブレグジットのあとでは、トランプと彼の考え方を政治の常識をこえたものとするのは難しくなってしまった。

イギリスにおけるEU脱退の国民投票を分析すると、人口統計的な投票傾向として目立つのは、年齢と地域によるちがいだ。若年層の有権者は大多数が「残留」を選択したのにたいして、高年層では多数の有権者が「脱退」を選択した。また、スコットランド、北アイルランド、ロンドン都市部では多数が「残留」を選択したのにたいして、ウェールズとその他のイングランド地域では住民のほとんどが「脱退」を選んだ。ジェンダーによる傾向は、これとはまた大きく異なっている。最近の議会選挙では労働党に投票した女性の割合が男性にくらべて高かったにもかかわらず、二〇一六年のブレグジットではジェンダーによるちがいはごくわずかなものだった[18]。

ただし、一見ジェンダーのちがいがないようにみえても、ブレグジット・キャンペーンにジェンダー化された原因や結果がなかったわけではない。たとえばラフバラ大学の研究者たちは、六月の投票にむけて議論が過熱していく数週間に、だれの声が聞かれ、だれの声が聞かれないかを追っていた。すると、EUの問題に関連するすべてのテレビ出演者のうち、女性はたった一六％だった。この重要な争点について国民の理解をかたちづくるはずのテレビで、八四％の出演者は男性だったのである[19]。

二〇一六年春のキャンペーンのあいだ、イギリスのフェミニストたちは注意を喚起しようとしていた。EUからの脱退は多くのイギリス人女性にマイナスの結果をもたらすことになるのだ、と。ブレグジットが論争となった時点で、イギリスの女性と男性のあいだには依然として根深い賃金格差が残っていた。平均すると、男性の生涯賃金は女性よりも一三・九％多かった。イギリスの歴史的な同一賃金法が施行されてから、四六年もの年月が経っている。それにもかかわらず、実質的な育児休業と手頃な料金の保育サービスの不足、くわえて女性を最低賃金のケアワークに押しこめる相変わらずの誘導、そして職場におけるあからさまな性差別的慣習のせいで、ジェンダーによる賃金格差は実際には拡大していた[20]。

「残留」を支持したイギリスのフェミニストたちは、ブレグジットの国民投票の直前にあってもなお、イギリスの政策決定エリートは主に白人であり、圧倒的に男性が占めるばかりではなく、集合的に男権主義的な見解をもっていると語った。これでは、国政にたずさわるエリートの多くが、多様な女性たちによって生きられる現実を直接知ったり、真に気にかけたりすることはありそうになかった。議会では、下院にわずか二九・六％の女性議員がいるだけだ。有色の女性はたったの三％。フェミニストたちによれば、イギリスのエリートたちが不承不承ながらジェンダー平等政策の強化と拡大をおこなったのは、ブリュッセルからのEU指令あってのことだった。[21] それにもかかわらず、キャンペーンのあいだは移民問題を論ずる騒々しい声ばかりが聞かれ、こうした事実が報道される機会はあまりなかった。

二〇一六年六月の「脱退」派勝利の直後、そしてイギリスの先行きがまだ不透明ななか、フォーセット協会[*5]は、「女性の権利について時計の針を戻さないよう」国の政策決定者たちに呼びかけた。[22] 二〇一七年一月二一日、イギリスの一四の市町で人びとが通りにあらわれ、姉妹の行進にくわわった。多くの人びとは、現代のイギリスにおいて性差別が制度的にも日常的にもいまだ強固であるという感覚をもって行進に参加した。[23] 人びととの多くは、ブレグジットとトランプ政権によって性差別が悪化すると考えた。二つの出来事はともに、非現実的で危険な縮こまったナショナリスト・アイデンティティ、つまり国境封鎖を象徴していた。

ジェンダー化された暴力、排除、不平等のいくつもの結びつきにたいする抵抗の表明が歴史的にひろがってきたにもかかわらず、行進参加者のほとんどは、家父長制を悪者として告発しなかった。しかし家父長制は、そのばらばらな各部分をまとまりのある全体としてつなぎあわせる接着剤として、また、それを前進させる燃料として、並ならぬ抵抗の時代においてさえ機能してきたのである。

家父長制。なんと時代遅れで、古くさい言葉だろう。

家父長制は、偽善的で厳格なヴィクトリア朝の人びとか、あるいは最近では、マティーニを飲む女たちの『マッドメン』[*6]を彷彿させる。今日わたしたちが生きる日常をうつしだすようにはみえない。むしろ、一世代前に第二派フェミニズムの人びとが抗議のボードに描きこんだような、どちらかといえば粗削りの用語にも聞こえる。

しかし、よく考えてみてほしい。

家父長制は、ブレグジット、ドナルド・トランプ、ナショナリスト政党とおなじように現代的なものだ。それはツイッター、ヘッジファンド、武器搭載型のドローンとおなじくらい最新だ。家父長制は過去の遺物などではない。アメリカン・フットボールの高額年俸プレイヤーやシリコンバレーの新興企業に負けずおとらず今風だ。

家父長制という用語の使用を多くの人びとが避けるという事実こそ、家父長制を生き残らせている要因のひとつだ。

家父長制とは日常的な性差別だが、それ以上のものでもある。家父長制は女性蔑視を利用しているが、それ以上のものに依拠している。家父長制はジェンダー不平等をうみだすが、その影響はジェンダー不平等よりも根深い。

家父長制とは、ある特定の考え方と関係性のシステム、そのダイナミックな網の目だ。たがいに織りあわされた考え方と関係性でできたこのシステムは、壊れにくい。家父長制は静的ではなく、更新され、現代化されていく。驚くほど順応性が高いのだ。だから、家父長制を「持続可能」なものとして語ることは有効だとわたしは考えている。

今日わたしたちは、「持続可能性」を、なにかしらの実践や政策が支持するに値するかどうかをはかるための準拠点としてとらえ、ポジティブなものとして受けとめている。だからこそ、国際開発にむけた国連の最新の目標は、持続可能な開発目標（国連関係者のあいだでは「ＳＤＧｓ」）と呼ばれている。ポジティブなかたちで持続可能であるためには、短期的目標のみならず、長期的目標を達成するようプロジェクトを計画すべきだ。持続可能であるためには、事業は偏狭な私利私欲を避け、できるだけ多くの人びとに利益を提供すべきだ。持続可能であるためには、政策は人間中心ではなく地球中心主義的であるべきだ。

- 土壌劣化をひきおこす農薬を使った商品作物の栽培は持続可能ではない。
- 化石燃料を大量に消費する自動車やトラックに依存しつづける運輸システムの設計は持続可能ではない。
- 一部の富裕層と多数の貧困層との格差を拡大するようなGNP増大の国家開発計画の策定は、持続可能ではない。
- 交渉のテーブルについている武装した男性たちだけを満足させるような紛争終結の手段をとることは、持続可能な平和をつくらない。

ただし持続可能性は、わたしたちがその持続を選択した場合にのみポジティブなものとなる。「持続可能な家父長制」は奇妙に聞こえるが、用語の矛盾ではない。多くの女性たちが自身の評判と生活を危険にさらして挑んできたにもかかわらず、この考え方と関係性のシステムがなお生き残ってきたことを端的に示しているにすぎない。

家父長制のしぶとさとその驚くべき順応性を描きだすことは、それに無敵のマントをかけることではない。「持続可能な家父長制」という概念は、絶望を深めたりあきらめをうながしたりするためのものではない。まったく逆だ。家父長制的なシステムの数々が今日どんなやり方で存続しているかを明るみにだすことで、より効果的な挑戦や解体ができるようになるはずである。家父長制的なシステムを構成している考え方と関係性は多様だが、それらについて知ることは可能だ。謎に包まれてなどいないし、日常から切りはなされてもいない。家父長制とは、わたしたちが生きているものなのだ。

家父長制的な考え方は、信念(世界がどう動くかについてのわたしたちの理解)と価値観(価値がある/よい/魅力的とわたしたちが考えるもの、逆に、価値がない/悪い/悪趣味だと考えるもの)の両方を含んでいる。そのいずれもが、魅力的でありうる——実際、男性の大多数だけでなく、多くの女性にとっても家父長制的な信念と価値観は魅力的になりうる。この魅力こそ、家父長制を存続させるもののひとつだ。二〇一六年の大統領選でトランプに投票した——あるいはイギリス、ポーランド、チリ、日本、オーストラリアで保守政党を支持している——多くの女性たちを納得させたものがなにかを知ろうとするのなら、多様な女性にとっての家父長制の魅力と利得について真剣に考えてみるべきだろう。

家父長制的信念には、性別は出生時に決定されるか、ジェンダーとセックスは同義か、女性と男性は「生まれながらに」異なっているか、男らしさは本質的に理性的で女らしさは感情的か、といった問題にたいする理解が含まれている。この信念には、さまざまな人種は「生まれながらに」ヒエラルキー的に序列づけられているか、人間社会の中核にあるのは生物学的な家族か、世界は男性が女性を守らなければならないような危険な場所か、といった問題にたいする理解も含まれている。それから、運命や必然についての強力な認識も。肩をちょっとすくめる姿にだって、その人の信念はあらわれる。

いいかえれば、わたしたちの信念とは、自身をとりまく複雑な環境やみずからが生きるひろい世界について、わたしたちがどのように理解しようとするかということだ。たとえば、トランスジェンダーや気候変動についての現在の議論は、人びとが深いところで相容れない信念をもっていることをするどく露わにした。また、五〇年もの月日が経った今になって、アメリカの宇宙プログラムを設計する際にアフリカン・アメリカンの女性数学者たちが重要な役割を果たしていたと知ることは、多くの人びとを動揺させるだろう。(24) この事実を知ったときの驚きは、おそらく、黒人の女性には高等数学を習得する能力がないだろうというわたしたちのそれまでの信念を示している。

家父長制的価値観は、家父長制的信念を基礎としている。ただ、価値観は信念よりもあからさまに人びとの態度を左右しようとする。だからわたしたちは、実際にはもっとも深い対立をひきおこしているのがたがいの異なる信念だったとしても、友人や家族、あるいは政党間の議論で価値観を話題にするのである。論争を呼んできた家父長制的価値観には、感情にたいする理性の重視、伝統への本質的な価値づけ、他のあらゆるコミットメントにたいする家族の優先などがある。

政府を評価するにあたって、その政府が軍事的に洗練されていたり、あるいは国民にたいして温情主義的な権威主義をとっていたりする点を肯定的にみることもまた、わたしたちが家父長制的価値観をとりこんでいることを示している。家父長制的価値観にはしばしば、男性的とされるリーダーシップの称賛、またその家父長制的な補完として、母親業のために自身を犠牲にする女性にたいする特別の称賛が含まれている。だから、こうした家父長制的価値観を受容している人びとにとっては、リベリア人女性の平和運動を成功させて称賛されたレイマ・ボウィについて、彼女が妻や母親としてどうなのかが言及されないことは不快に感じられるだろう。権威主義的な価値観は、一般的に、権力の行使において権威主義的であろうとする指導者たちを特徴づけると考えられている。多くの文化において、指導者たちの権威主義的な傾向は、彼らにあるとされている男らしさとからみあっている。女らしさにたいする蔑視はしばしば――「女性を勝ちとる方法」を自慢しているときですら――、男性化された権威主義的なリーダーシップとセットになっている。権威主義についてフェミニストが探究するにあたって、この視座は重要である。

権威主義的な指導者というのは、どこかの大陸や文化の専有物ではない。ジンバブエの大統領ロバート・ムガベは、権威主義的な支配者の典型例だとよくいわれる。エジプトの前元帥であり現大統領のアブドルファッターフ・アッ＝シーシーと中国国家主席の習近平はまったく異なる国家体制の頂点にいるかもしれないが、どちらもきわだって権威主義的なかたちのリーダーシップを示している。ロシアの大統領ウラジーミル・プーチンとその中東の同盟国であるシリアの大統領バッシャール・アル＝アサドも同様だ㉕。二〇一七年、トルコの大統領レジェップ・タイイップ・エルドアンは国民投票をおこない、結果、憲法の修正条項が承認された。それは、大統領にいっそう権威主義的なやり方で国家権力を行使させることを可能にするものだった。

信頼に値するかどうかがジェンダー化されているとはいえ、指導者となった女性が権威主義的な価値観を身につけ支持することも、もちろんありうる。マーガレット・サッチャーやインディラ・ガンディーのことを考えてみればよい。どちらの女性も、男性的な能力とされるものを備えていることで称賛された。彼女たちを信奉する男性たちにいわせれば、「その場でもっとも男らしい人物」だったわけだ。

アメリカのウィメンズ・マーチの参加者たちは、アメリカの大統領を権威主義的な役職に変えてしまおうとするドナルド・トランプの明らかな試みに懸念を表明した。人びとがみたのは、トランプが、大統領職と立法および司法部門とのあいだの対等な関係を軽視するようなリーダーシップをよしとする態度だった。アメリカの立憲主義ではシステムを意図的に複雑にしているが、トランプはそうしたしくみに制約されない、男性化された権威に価値をおいているのだろう。こうした構造的な制約を受けいれることは女性化されるのとおなじだと感じているようだ。

ただし、権威主義的な価値観を特定の種類の指導者たちに特有のものと考えるのはまちがいだ。権威主義的な価値観は、権力の中枢から遠く離れていても、「力強さ」を示す男らしい指導者を信奉する男性や女性に受けいれられている。信奉者たちのあいだでは、権威主義はそれにたいする服従のかたちをとることもある。権威主義的な指導者にたいする男性化された服従を象徴するのは、「忠実な副官」の姿である。それ以外にも、ご機嫌とり、利己的なとりまき、野心的な崇拝者、典型的な「歩兵」といった型がある。権威主義的な有権者になるということは、ジェンダーにかかわらず、権力をしっかりと掌握し、立憲主義的な抑制と均衡という面倒な複雑さを一掃するような男らしい男性（あるいは適切に男性化された女性）を熱望するような人間になることだ。このような有権者は、時間をかけた意見のやりとりをする民主主義的な議論や妥協を指導者が回避することを願っている。市民として権威主義的な価値観をとりいれると、法の制約と、真にひらかれた公的領域につきものの面倒くささをしりぞける指導者が信奉されることになる。ウラジーミル・プーチン、レジェップ・タイイップ・エルドアン、ドナルド・トランプは、その支配により直接的な利益を得るわけではないときでさえ、熱心な崇拝者を獲得してきた。崇拝者たちは自身を反骨心のある個人主義者だと思っているかもしれないが、信奉する価値観においても、安らぎを感じる関係性においても、権威主義的である。

価値観と信念は、往々にして家父長制的関係性よりもわたしたちの注意をひきやすい。家父長制的関係性は、しっかりと時間をかけて綿密に観察しなければならないものだ。体力、根気、注意力が必要になる。それは、スナップ写真のような一瞬の観察で容易にわかるものでなく、XはYの部下で、Yの昇進あるいは解雇の権限はZにある、といった公式の組織図にあらわれるのはまれだ。生きられた関係性のほとんどは微細なものである。会話やメモ、議事録、パンチや銃撃、あるいは現金のやりとりなどを通してのみ明らかになるのではない——もちろん、これらをたんねんに追うことで明らかになることもあるのだが。関係性は、些細なジェスチャー、記録されない沈黙、人知れぬ不在についての丁寧な記録をとることで描きだされる。関係性のたくみな描写ゆえに、数多くの読者はジェーン・オースティンやエレナ・フェッランテの小説に惹きつけられたのだ。わたしたちが『ハウス・オブ・カード』[*7]や『ザ・クラウン』[*8]を次から次にみてしまうのもそのためだ。

家父長制が驚くほどの順応性を示してきたといっても、それに対抗する試みに達成がなかったわけではない。反家父長制の動きが成功しないのなら、そもそも家父長制は順応しつづける必要がない。スウェーデン、南アフリカ、ブラジルといった異なる国々で、女性は自分たちの一票が男性の一票と同等であることを認めるようもとめてきた。その結果、家父長制的な男性と女性は、統治における男らしさの特権化を守るためにあたらしい方法を考えざるをえなかった。おなじように、サモア、トルコ、イギリスといったかけはなれた国々の女性たちは、妻にたいする暴力行為を家庭の闇のなかからひきずりだし、政府にそれを罪としてしぶしぶ認めさせた。このため、家父長制の支持者たちは、女性たちをおびやかすためのあらたな戦略を練ることになった。

フェミニストの達成と家父長制の順応性というくみあわせこそが、世界中の女性運動を自己刷新させてきた。順応性の高い家父長制にたちむかっていくには、時間と体力、そしてそれまで以上の連帯が必要となる。家父長制から恩恵を受けている人びとは、わたしたちが疲れきってしまうのを待っているのだ。

家父長制のシステム——信念、価値観、関係性のダイナミックな網の目——は、新鮮で、改良されていて、「最新」で、ときには革命的にもみえるかたちで順応していかなければいけない。家父長制の支持者たちは、モデルチェンジをくりかえしつつ、家父長制の中核を持続させなければならない。その中核とは、特定の男らしさを、蔑まれる男らしさとすべての女らしさにたいして特権化することだ。かぎられた女性だけが、会議室――あるいはテレビのスポーツニュースやロースクール――に足を踏みいれることを許される。ただしそれは、条件つきでのことだ(この条件はたいてい不文律で、存在を認められることがない)。その条件とは、この数少ない女性たちが、多様な人種の女性たちがより多くくわわることをもとめないということ。内側に入ることを許された女性たちが(利益、戦争、セクシュアリティ、不平等についての)男性化された思考法を内面化するということ。あるいは反対に、この女性たちが、家父長制的な女らしさを演じるということ。ただし、それは男性化された特権にとってかわるものではなく、あくまでそれを補完するものであるということ。

家父長制的な信念、価値観、関係性を持続させる別の方法もある。従来は男性化された特権の場だったものを女性化された周縁へと変えてしまうのである。古典的な例は銀行員だ。ディケンズの時代[*9]には、銀行員になるということは、家父長制のはしごの下段に足をかけた立派な男らしい男性になることを意味していた。二一世紀初頭には、銀行員は女性化され、はしごはどこにも行きつかないものになっていた。㉖おなじように、テレビのニュース番組のキャスターは、かつてもっぱら男性の仕事だった。しかし、それもまた多くの国々で女性化され、仕事にあったはずの権威はほとんど枯渇してしまった。同様に、軍隊が男性の男らしさを証明する場であるというイメージを変えることなく、かつて男性化されていた役割のいくつかは女性化できるだろうと考えた軍の男性司令官たちがいる。彼らは、男性士官の秘書としてはたらく軍服の女性兵士を登場させた。最近の米軍は、戦闘地域の検問所の男性兵士を女性兵士におきかえる策を講じている。

ボリビアとルワンダをのぞけば、世界中のすべての国会で女性は十分な議席を得ることができていない[27]。しかし、多くの国々の政府が「反テロリズム」の名の下で強大な権力を安全保障当局に注ぎこむにつれ、国会における女性の数は増加してきている。財務、軍事、安全保障、諜報といった部門の男性化された上級職を占拠する男性たち(と一部の選ばれた女性たち)が実際の権力を行使し、その一方ではいつの日か、家父長たちが議会の女性化を奨励するほどに国会議員というものが無力になるという想像は、まんざら突飛なものではないかもしれない。

家父長制の更新には、支配、脅し、服従をつづける以上のことが必要とされる。一見して無害にみえるようなある種の関係性の再生産も必要なのである。感謝、愛着、依存、競争、懐疑、信頼、忠誠、共感。これらは、意図しないままに、あるいは自分自身の感情や行動の含意に気づくことのないままに、人をたやすく家父長制との共犯に陥らせてしまう。創造的で活力があり、さまざまな人が関与する抗議の行進は重要だ。その経験は、あらゆる形態の家父長制に抗おうとする参加者たちに、自分はひとりではないことを思いださせてくれる。家父長制に反対するデモが本当の草の根のイニシアティヴから生まれるなら、それは、家父長制の更新を妨害するために知っておくべき問題や恐怖、アイデンティティや野心の数々を参加者たちに思いださせることになるだろう。だれもがみな、他のだれかのかけ声《コール》にくわわらなければならない。

ただし、現代の家父長制についてのフェミニストの研究は、デモだけでは家父長制をくいとめられないことを明らかにしている。みずからもまた家父長制を存続させている共犯者でありうることにたいする、謙虚で研ぎすまされた内省が必要なのである。

第二章　和平協議に抗するシリアの女性たち

二〇一七年初頭、ロシアとシリア両国軍の爆撃によって、アレッポの街は瓦礫と化した。何千人もの住民が、芸術と商業の中心として中東でもっとも歴史的に名高い都市のひとつから逃れることになった。ほとんどの女性が街からでることを余儀なくされ、男性のみで組織された反政府武装勢力も撤退。そしてアサド政権とその同盟相手であるイランとヒズボラの男性だけからなる軍隊が到着すると、アレッポは刻一刻と軍事化され、そして男性化されていった。

すさまじい暴力が何年もつづくなかで、女性たちが市民運動のための空間を切りひらくことができたのは、信じがたいことかもしれない。二〇一一年にシリア政府が非暴力の民主化運動を弾圧すると、近隣の諸勢力は自身の利益にそって行動した。地元の男性たちはさまざまな反政府武装勢力にくわわり、そして何千もの外国人男性兵士が、アサド派と超保守の反体制武装勢力、双方の新兵としてシリアに集った。ほとんど報道されることはなかったが、そのかたわらでは多くのシリア人女性市民が、可能なかぎりシリア国内にとどまり、戦争で壊れたコミュニティをまとめるため人知れず努力していた。しかし戦争は長期化し、ますます多くのシリア人女性が——近隣のトルコ、ヨルダン、レバノン、イラク、そしてヨーロッパへと——やむを得ず避難することになった。少数だがアメリカにたどりついた人びともいた。国連難民高等弁務官事務所（UNHCR）の報告によれば、二〇一五年のおわり、戦争が四年目をむかえる頃には、四九〇万人ものシリア人が国境をこえて難民になっていた。さらに六六〇万のシリア人が、戦争で家を追われながらもシリア国内にとどまり、「国内避難民」の状態にあった。

シリア人女性のなかには難民活動家になった人もいる。彼女たちの活動のひとつは、少女たちが学校に通いつづけられるようにすることだった。戦時の不安と混乱により、女子教育はこれまでになく児童婚をめぐる議論と結びつけられるようになっていた。ユニセフは、シリア人難民のあいだに児童婚のあやうい増加を察知していた。その割合は、二〇一一年から一五年のあいだで三倍にもなっていた。母親と父親は、娘の安全（現地の言葉で *sutra*（安全））の確保、もしくは逼迫した家計の負担軽減、あるいはその両方への期待から、自分たちの若い娘を嫁がせることを選択した（両親の意見が一致しないこともあるが、最終判断は父親がくだす）。このように、多くの親たちがよかれと思ってとった行動であっても、戦時下の避難は家父長制を存続させることにつながっていた。

ここでいったん、語法について少し考えてみよう。家父長制の実践とは別に、言葉の選択が家父長制の信念を持続させることがある。「児童婚」という用語は、国際機関や政府の当局者、また、人権や人道援助のNGO職員たち——その多くは、少女と女性の生活改善のために尽力している人びと——もよく使う言葉だ。しかし、このおなじみの用語が、家父長制を存続させる手助けをしているかもしれない。

どんなふうに？

「児童婚」という用語は、少女や少年が未成年のうちに、両親によって結婚へとさしだされることを示している。そういう状況があるのは事実だ。しかし、「児童婚」という言葉を用いることで、少年も少女とおなじように児童期に結婚させられていると示唆することになる。これは事実ではない。たとえば、二〇一六年にユニセフが発行した『ヨルダンにおける早婚についての研究 二〇一四年版』という詳細な報告書がある。そのなかで研究者たちは、ヨルダンに暮らすヨルダン人の子どもとシリア人難民の子どもで結婚をさせられている者のうち、男児は〇・五%以下にすぎないと結論づけている。つまり実際には、「児童婚」ではなく「少女婚」なのである。非ジェンダー化された用語の陰にジェンダー化された不平等を隠してしまうとき、わたしたちは家父長制的な考え方と実践の存続に手をかしている。そして家父長制を隠すとき、わたしたちはそれを存続させることになる。

暴力がつづくなかで、一五歳くらいの若さのシリア人難民の少女たちが、一〇も二〇も年上の男性と結婚させられていた。少女たちの学校中退は、児童婚におけるジェンダー化の、原因であり結果でもある。両親が娘には学校は重要ではないとか、通うのは危険すぎると考えれば、男性の求婚者たちはその少女と結婚できると思うようになる。また、娘にとって結婚が最良の選択だと両親が考えれば、少女は学校をやめさせられる。ふつうは結婚してまもなく出産と育児があり、結婚した少女が学校に戻る機会はすぐになくなってしまう。

いくつものシリア人難民コミュニティで、女性と少女たちは市民社会運動家となった。たとえば一八歳のムズーン・アルマレイハーンは、二〇一一年に両親とともにシリアの戦火を逃れてきたが、難民の少女たちが学校に通いつづける権利を主張する活動家になった。彼女の活動拠点は、ヨルダンにひろがるザータリ難民キャンプだ。ザータリでの生活は、他の難民居住地と同様にジェンダー化されている。難民になるというのは、女性と男性にとっておなじ経験ではない。少女と少年にとってもだ。結婚、貧困、仕事、セクシュアリティ、身体的な危険、健康、家庭内での意思決定、教育、そして食料へのアクセス――これらはいずれも、シリアの家族が避難を経験する以前からジェンダー化されていた。そして戦時下に――しばしば予期されないかたちで――ジェンダー化された。つまり、難民になることで、いきなり奇跡的に「非ジェンダー化」されるわけではないのである。トランスナショナルなフェミニスト団体は、人道支援や難民支援の機関にこの現実を少しでもわかってもらうために――行動をおこしてもらうことは無理だとしても――何年もかけて研究とはたらきかけをしなければならなかった。

ムズーン・アルマレイハーンには、より多くの関心をあつめることのできる方法がわかっていた。自分の活動を、有名なノーベル平和賞受賞者である若いパキスタン人女性活動家、マララ・ユスフザイのとりくみと結びつければよいのだ。しかしアルマレイハーンは慎重だった。これまでの経験から、メディアや政府が関心を示しても、女性や少女にたいする持続的で有意義な支援につながることはまれだと学んでいたからだ。活動家の少女を称賛し、雑誌や本の表紙を飾らせ、賞を与え、テレビのインタビュー番組にでるよう招待することは、彼女たちの要求に実際に応えることを回避する方法かもしれない。政治的注目にかんして、二〇一六年一二月の『ミズ』がアルマレイハーンの用心深い言葉を引用している。「ときどき、指導者というのは世界がみているときだけ約束をするのだと思うことがあります……その人たちには、マララやわたしがその後も注視していることを知ってほしいです。政治家や外交官たちが約束をしたら、別れ際にそれを忘れぬよう確かめなければいけません」。ムズーンが警告するように、かたちだけの称賛は、それがたとえ少女や女性の権利を擁護する人びとによるものであったとしても、家父長制を存続させることになる。

甚大な被害をもたらした紛争の三年目、国連はスイスのジュネーヴでシリア和平交渉を開催した。その際、市民社会運動家の女性たちのするどい警戒心が、集団的に示されることとなった。幸運なことに二〇一四年一月、わたしは婦人国際自由平和連盟（WILPF）から、このジュネーヴでの和平交渉のオブザーバーとして招待された。WILPFの活動家たちは警戒していた。あまりに多くの和平交渉が結局は男性化された政治のあらたな競いあいになるところをみてきたからだ。思いかえしてみると、あの場でわたしは、家父長制を持続させてきた事柄について、いくつものあたらしい学びを得たように思う。

教訓をよりはっきりと描きだすには、おそらくこのジュネーヴでの経験を日記のかたちでふりかえってみるのがよいだろう。なぜかといえば、往々にしてそうであるように、フェミニストの学びは劇的なひらめきとしては訪れないからだ。それは、何時間も、何日も、傾聴、観察、そして内省を積み重ねたうえにあるものなのである。

一日目――シリア和平協議への序幕、ジュネーヴにて

ジュネーヴは、広大なジュネーヴ湖の先端にまたがる美しい都市だ。湖にかかる橋の片端には商店やカフェ、ミュージアムなどの古い街並みがつづく。わたしが滞在していた反対側の端には、モダンなマンション、大きな駅、ハラール肉の店、そしてガラス張りの国際機関のオフィスビルがそびえたつ。国連難民高等弁務官事務所（UNHCR）、国連国際労働機関（ILO）、国連人権理事会（UNHRC）のほか、国境なき医師団、赤十字国際委員会、その他多くの組織の事務所がある。

わたしを招待してくれたWILPFもまた主要なトランスナショナル・フェミニスト団体で、その本部はジュネーヴにある。第一次世界大戦に抗議して一九一五年に設立されたWILPFの現代表は、イギリスのフェミニスト弁護士マデレイン・リースである。彼女は、国連平和維持活動や大きな紛争後の

移行期の政治協定において、女性の権利が真剣に扱われるよう要求してきた賢明なフェミニスト戦略家だ。WILPFの他には、MADRE、[*1]コード・ピンク、[*2]国際市民社会アクション・ネットワーク（ICAN）[*3]、そしてスウェーデンのフェミニスト団体であるクィンナ・ティル・クィンナ[*4]が参加していた。このトランスナショナルなフェミニストたちの同盟は、国連、アメリカ、イギリス、ロシアの当局者たち、つまり公式な対話のまとめ役をする人びとの圧倒的多数が男性であること、そして彼らの信念、価値観、関係性が男性化されているだろうことを（正確に）予期していた。そして、家父長制的でない和平交渉がどのようなものであるかをモデル化しようと、「オルタナティヴな和平交渉」をつくりあげたのである。彼女たちは、シリアの市民社会運動家の女性たちをもっとも重要な招待者とした。さらにリースは、ノーベル賞を受賞した二人のフェミニストを――北アイルランド（マイレッド・マグワイア）[*5]とイラン（シリン・エバディ）[*6]から――まねいた。エバディはカフェテリアで昼食をとりながら、彼女の法律事務所が政府に強制的に閉鎖され、その後イランを離れざるをえなくなったと説明してくれた。事務所が人権運動家の弁護をひきうけていたためだ。シリン・エバディとマイレッド・マグワイアは、他のノーベル平和賞受賞者の女性たちとともに、平和にむけて国際的なとりくみをおこなうノーベル・ウィメンズ・イニシアティヴをたちあげていた。

このオルタナティヴな和平交渉の参加者は、国連のオフィスから歩いてすぐのところにあるジュネーヴ高等研究所にあつまった。わたしたちは車座になり、最初の難問にとりかかった。市民社会運動家の女性たちは、国連当局者およびアメリカとロシアの共同主催者たちを――それに公式の和平協議の場にまねかれたすべてのシリア人男性も――説得したいと考えていた。彼女たちの主張は、銃をかまえた男性（と、書類鞄をかかえながら背後に大規模な軍隊をしたがえた男性）だけ、あるいはそれにかたちばかりの女性が数人くわわっただけでは、持続可能な平和をつくりだす方途にはならない、ということだった。戦闘地域での何年もの活動経験をもつフェミニストたちは、「銃をもった男性だけが平和を構築できる」という考えはまちがいであり、その誤った考えにもとづいて行動をおこしても無意味であると知っている。どうすればそれを、男性化された当局者たちに納得させられるだろうか?

この一五年のあいだに、政府と国際機関の当局者たちは、戦闘地域の女性への配慮について、礼儀正しい外交辞令を——公式には——述べるようになってきた。しかし実際には、いまだ銃をもった男性のみを重要視している。その場にあつまってきた女性たち——わたしたち/彼女たちはきわめて多様だったが——は、ある一点については意見を一致させていた。持続可能な平和(「持続可能」という言葉はくりかえし使われた——彼女たちは「その場しのぎ」を考えるタイプではなかった)にむかう唯一の生産的な方法は、シリアの女性市民社会運動家の代表を(たんなるオブザーバーとしてではなく)公式の交渉に参加させることだ。こうした女性たちは、社会という布地を織りなおすためになにが必要かを知っている。「市民社会」という言葉を、ジュネーヴに集った女性たちみんなが使った。それは、軍隊でも政党でもなく、いかなる体制を代表するグループでもないものを意味していた。市民社会をつくるとは、被支配者ではなく、真の市民による社会を創造することなのである。

シリアで活動する市民社会グループに参加しているひとりのシリア人女性が話をしてくれた。宇宙物理学の教授であり、地域コミュニティのオーガナイザーでもあるリム・トゥルクマニだ。彼女はホムス出身だった。二〇一一年初頭、アサド政権にたいして透明性の高い民主的な政治をもとめる非暴力運動をはじめたシリアの都市である。彼女の知るかぎり、ホムスの住人はだれひとりとして、X村が「シーア派」だとかY地域が「スンニ派」などとはいっていなかった。「ルームメイトがいたけれど、彼女がシーア派かスンニ派かなんて知りもしませんでした。だれも気にしていなかったんです」と彼女はいった。トゥルクマニは、現下の軋轢について、サウジアラビアやトルコ、カタール、イランといった部外者に、いくらかの責任があるとした。これらの国々は、それぞれの(競合する)地域的野心のために、自分たちの意にそう部隊と政治組織を支援するための資金をシリアにつぎこんでいた。アメリカとイギリスの当局者たちが、なんらかの和平案をもつシリア人は特定の派閥や政党を「代表」していると考えはじめると、両国もまたこの破壊的なダイナミクスに参戦するようになった。このダイナミクスは、みずからの政権のみが「すべてのシリア人」を代表しているのだというアサドの主張を強化することにもなったとトゥルクマニは語った。実際にはアサド自身が、何年も民族と派閥を手札として利用してきたのだが。

リムの話を聞きながらわたしは、アメリカがイラクを占領していた時期(二〇〇三―一〇年)にイラクのフェミニストたちが語ったことを思いだしていた。アメリカの当局者がイラクの問題を派閥や民族の視点からとらえるようになるにつれ、それまで狭量なアイデンティティのくくりにこだわらずに友人関係や近所づきあい、婚姻関係を築いてきた多くのイラクの人びとが、次第に自分自身や仲間の市民を分断したものと考えはじめたという話だった。

二日目——公式対話がはじまる

朝のジュネーヴ。わずかに青空がのぞいている。湖のむこう側には、雪を頂いた黒い山々がそびえる。冬の凍てつく空気のなか、午前中の会議にむかって湖畔沿いを歩いていると、寒さをものともしないスイスの人びとが数人、湖を泳いでいるのをみかけた。

国連・アメリカ・イギリス・ロシアが主催する公式のシリア和平協議は、ジュネーヴ郊外のモントルーにある山岳リゾートで幕開けすることになっていた。女性たちはぎっしりとバスに乗りこみ、現地におもむくと、シリアの女性市民社会運動家を公式の交渉に参加させるよう、横断幕をひろげて訴えた。協議には、シリアの反体制派（Opposition）の代表団に三人、アサド政権の代表団に二人の女性が参加することになっていたが、だれひとりとして発言の機会を与えられてはいなかった。

前の晩、反体制派の代表団にくわえられた三人の女性たちの名前が公表されるやいなや、WILPFの事務所では人びとが額をつきあわせて、反体制派の男性指導者たちが指名したその女性たちについての情報をだしあった。三人のなかに、シリアの市民社会運動家として知られている者はひとりとしていなかった。これは、家父長制的世界で生きる女性たちが経験する古典的なジレンマのひとつだった。フェミニストは、相対立する集団を率いる男性たちが土壇場で数人の女性をそれぞれの代表団の名簿につけくわえたという事実を、歓迎すべきか否か？　それは本物の代表なのかたんなる「みせかけ」なのか？　シリアの女性市民社会運動家とトランスナショナルなフェミニスト支援者たちは、女性であればだれでもよいから和平交渉の場に参加させよと要求したことは一度もなかった。彼女たちは、シリア国内の「現場」に積極的にかかわってきた女性たち――戦時下で支援を提供し、コミュニティの和解をつくりあげてきた女性たち――がテーブルにつくことを望んでいた。そうした女性たちならば、シリア人女性の多くがみずからと祖国の将来のためになにを望んでいるかを伝えられるからだ。

家父長制の内部に真の変化をもたらそうとするなら、こう問わねばならないだろう。かたちばかりのものであったとしても、実質的なものに変わることがあるだろうか？

オルタナティヴな和平交渉のためにジュネーヴを訪れた人びとのなかには、シリア、イタリア、ボスニア、スリランカ、北アイルランド、イギリス、アメリカ、トルコ、イラン、ノルウェー、スウェーデン、西サハラ、フランス、ドイツ、グアテマラの女性たちがいた。ジュネーヴ高等研究所の一室に、八〇人ほどの人びとが和気藹々と集った。この生き生きとした、情報のつまった議論を聞くために職員を派遣した大使館がほんのわずかだということは、だれの目にも明らかだった。国連機関からもたかだか数人。主流メディアのジャーナリストで足を運ぼうとした者はひとりもいなかった。こうして、主流メディアが伝えるシリア内戦とその和平交渉についての話はいつまで経っても、銃をたずさえた男性たちと力をもった政府の男性たちだけの問題になったままなのである。

山上で公式の対話がはじまった朝、ふもとにあつまったわたしたちも、折りたたみ式の椅子に座って何重かの輪をつくった。過去から現在にいたるまでのさまざまな紛争地域からやってきた女性たちが、自分たちの教訓と警告をシリアの女性たちに伝えはじめた。北アイルランドの二人の女性たち——アン・パターソンとノーベル平和賞受賞者であるマイレッド・マグワイア——は、カトリック／プロテスタントと階級の分断をこえて組織化をおこなった年月が、真の（無所属の）代表資格をもつ女性を会議に参加させるにあたって鍵になったと語った。それは、のちに一九九八年の聖金曜日の和平合意[*7]を打ち出すことになる会議だった。女性たちは、まったく意見を異にする女性、あるいは自分の子どもを殺した人間の母親と協力する勇気と気力を奮いたたせなければならない。それがアンとマイレッドの警告だった。彼女たちは、そうして信頼を築くなかで、和平代表団に候補をたてるための無所属の連合を結成した。そして、「テーブルにつく」資格を得るのに十分な票を獲得したのである。これらの行動に数年の年月を要したと聞いてシリアの女性たちが落胆するかもしれないと考えた二人は、こうつけくわえた。「くじけないで。シリアの現状にあった、あなたたち自身のペースをみつけて」。

北アイルランドの和平交渉に参加することになった女性代表たちは、「男性のエゴ」が交渉を台無しにすることを許さなかったと、アンとマイレッドはふりかえった。対立していた男性の代表たちが自分たちのいい分が通らないのならでていくと脅したとき、女性連合の人びとは、席に戻るよう彼らを説得した。彼女たちは、貧困および女性の権利について、それぞれ公共の委員会をつくるという言質をすべての立場の人間からとり、それを公式の和平合意内容に明記すべきだと主張した。あらたに組織される両委員会は女性が率いることになっていた。このように、和平合意は市民社会再建の青写真にもなる必要があった。武器を捨てるだけでは、ぼろぼろになった社会という布地を織りなおすには不十分だったのである。

グアテマラのフェミニスト平和運動家であるルス・メンデスが次に話した。彼女ははじめ、国連が調停をおこなった一九九〇年代のグアテマラ和平協議において、反体制派武装勢力の公式代表団の一員だったと語った。ルスは二八人の男性たちとともにテーブルについた唯一の女性だったのである。同時に、彼女は地域の女性市民社会グループのネットワークにもくわわっており、彼女たちと密に連絡をとりあっていた。その誠実なコミュニケーションの回路が、協議の場にいた公式の代表たちとグアテマラ市民のあいだに信頼を築いた。市民たちにとっては、暴力をおわらせることが最優先だった。さらに、公的な回路があることで、とくに女性市民社会運動家たちによる創造的なアイデアを公式の討議にとりいれることが可能になった。しかし、最終的な公式和平合意が前向きな要素を含んでいたにもかかわらず、戦後もつづく暴力にグアテマラの社会はばらばらになっていったとルスは警告した。その中心にあったのは、グアテマラの女性にたいする組織的な暴力だった。長びく貧困だけではなく、麻薬取引の増大もまた暴力を助長していた。

ルスの隣には、ひとりのスリランカ人女性が座っていた。彼女は、二五年にわたる国内の破壊的な紛争の当初からずっと、シンハラ人とタミル人の女性を組織化するために活動していた。彼女は、北アイルランドとグアテマラの仲間たちに同意した。対立するコミュニティの女性たちのあいだに信頼を築く努力が一度失敗したとしても、どうかあきらめないでほしい、と。

二日目続き――シリアの女性たちが話す

昼食後の最初の予定は、ボスニアからやってきた二人の女性たちの話を聞くことだった。旧ユーゴスラビアの四年におよぶ壊滅的な紛争は、アメリカの調停による一九九五年のデイトン協定をもって終結した。しかし彼女たちの報告によれば、協定の締結にあたってボスニア出身のボスニア人女性は――セルビアやクロアチア出身の女性も――ほとんど発言権をもたなかった。眼前のシリアの協議と同様に、男性化されたユーゴスラビアの交渉は、紛争がおきている社会から遠く離れた場所で開催された。オハイオ州デイトンのライト米空軍基地だ。和平協議が軍事基地でおこなわれたことは銘記すべきだと、ボスニア人女性のひとりがつけくわえた。彼女たちは戦後一〇年間の経験をふりかえり、デイトン協定のもっとも有害な点は、それにあたらしい憲法が含まれていたことだと結論づけた。和平交渉が地域の女性運動家を排除したこと(一九九〇年代前半のユーゴスラビアではいくつもの女性グループが地道に活動しており、もっとも著名なもののひとつがベオグラード・ウィメン・イン・ブラックだった)、そして憲法にかんする合意について一般投票がおこなわれなかったことだけでも十分問題だった。しかしさらに悪いことがあった。アメリカ政府が主導して和平合意に新憲法が挿入されたことで、もはや分断状態のユーゴスラビアにおける女性や男性のあいだの民族的分離が、法的かつ制度的に固定されることになってしまったのだ。ボスニアの女性運動家たちは一五年にわたって、いわゆる民族的アイデンティティにかわる真の戦後市民社会を築こうとしてきたが、その努力が結実する見込みはほとんどなくなってしまった。

西サハラ出身の三人の女性たちが自分たちの経験を話してくれた。彼女たちは、モロッコ政府と西サハラの人びとのあいだの和平協議が全体を通していかに無益だったかを強調した。女性は完全に排除されていた。そのため、地域の問題に尽力している女性たちは、難民キャンプ内の女性を組織化し、女性たちがキャンプのリーダーシップ構造のなかで一定程度影響力を行使できる立場にくいこめるよう集中してきた。彼女たちは今や、一時的な難民キャンプであったはずの場所で一四年も生活をつづけている。そして、こうこぼしていた。「わたしたちのことなど、もうだれも考えていません。西サハラ紛争のことなど、みんな忘れてしまったのです」。

短いコーヒーブレイクのとき、わたしはジュネーヴに拠点をおく大規模な国際支援組織に属する女性と雑談した。彼女は傍聴しにきていたのだ。組織での彼女の仕事は、同僚たちの仕事を確実に「ジェンダーに配慮した」ものにすることだった(この組織の名前を記すことはできない。そこでジェンダー平等を監視する仕事をしている人はほとんどいないため、彼女がだれなのか簡単にわかってしまうからだ)。彼女は憤慨していた。数日前、上司の男性からメールが届き、難民の女性たちに送る生理用ナプキンの調達をするよう指示されたのだという。しかし、この仕事熱心な女性スタッフは調達とはなんの関係もなかった——それはまったくちがう部門の仕事だった。この奇妙で不適切な指示について尋ねると、その男性上司は事もなげにこういった。「女関係のことはやらないことにしているんだ」。

コーヒーで英気をやしなうと、わたしたちは、現在亡命中の四人のシリア人女性活動家の話に注意深く耳を傾けた。そのうちの二人はジュネーヴではじめた試みについて説明した。シリアのさまざまな地域のレシピでつくった料理を用意して、あらゆる背景と所属政党のシリアの人びとを一堂にあつめようとしているのだ。政治や宗教、あるいは紛争の話すら、いっさいなし。ただそこにあつまり、シリア人としていかに共通点をもっているかを思いだすのが目的だ。

このシリアの女性たちは――どんな国からやってきた女性でもそうなのだが――、二〇一一年に暴力が勃発する前の社会――つまり、政府に改革と民主化をもとめる非暴力の民衆デモにたいしてアサド政権が軍事力を行使しはじめる前の社会――についてかなり異なる見解をもっていた。たとえば、現在国外に住むシリア人女性たちは、紛争前の社会では安心して生活できていたとふりかえった。「女性も怖い思いをせずに夜のダマスカスを歩くことができました」。一方で、他の亡命シリア人女性のなかには、二〇一一年以前はあからさまな暴力はなかったものの、政府に批判的な者にたいしては組織だった政治的抑圧があったとふりかえる人びともいた。この数人の女性たちのあいだですら、歴史と「安全」についてかなり異なった見方があるのだった。

現在フランスに亡命中の若いシリア人女性は、みえにくかった暴力が二〇一二年までにどのようにして露骨な暴力へと変容したのかを、具体的に説明してくれた。「わたしはまったく政治的な人間ではありませんでした。まずまず快適な生活を送っていたんです。ところがある日、兵士が市民にたいして銃撃をはじめてからのことですが、殺戮についての報告を受けたアサドが笑っているのをテレビでみたのです。それは決定的な出来事でした。なにかしなければ、と決意しました」。彼女は、暴力で家族のだれかを失った人びとにささやかな支援を提供している小さな女性グループにくわわった。イースターのとき、彼女と友人は、家族を失った子どもにチョコレートのイースターエッグを配ろうと考えた。「コーランとゴスペル、両方からのメッセージを、一つひとつの卵に書きました」。しかしまさにそれを配っている最中に彼女たちは警察に拘束され、投獄された。「警察は、拷問部屋の隣にある牢獄にわたしたちをいれました。これ以上拷問するよりいっそ殺してくれ、と懇願する囚人たちの声が聞こえるようにです」。しばらくして解放されると、彼女はパリへ亡命した。そこで、シリアの人びとにむけたオンラインのラジオ局をたちあげたのである。

突然、ガラスの壁の外側が騒がしくなった。歓喜に満ちた出迎えに、たくさんの抱擁。シリア内部にとどまっていたシリア人女性たちが、なんとかしてここまでたどりついたのだ！　渡航のために海外からの資金援助を受け、検問を通過し、ビザを獲得し、国境をこえて……生半可な道のりではなかった。あらたにやってきた四人のシリア人女性たちが円の内側の席に座った。そばにはＷＩＬＰＦのマデレイン・リースと、スウェーデンの運動家、クィンナ・ティル・クィンナのレナ・アグがいた。わたしは議論の進行を任された。わたしたちの目的は、市民社会運動家の女性たちが和平協議に参加するのを妨げている具体的な障害を描きだすことだった。マデレインは、国連人権高等弁務官事務所（ＯＨＣＨＲ）で弁務官メアリー・ロビンソンの特別代表を務めたボスニアでの体験から、軍事化や男性化の従来的な語りを耳にした場合はかならずそれにたちむかうよう、わたしたちを励ました。さらに彼女は、その先に進むこと、オルタナティヴでより現実的な平和構築の語りを示すことを、わたしたちにうながした。市民社会運動家の多くは女性だが、彼女たちは、本物の安全につなげようとして地域の状況にかんする知識や、持続可能な平和と実質的な安全をつくりだそうとする努力を協議の場にもちこむ。そうした知識と経験の共有こそが、本物の市民権と政治的透明性を育む合意をつくりあげる、もっとも確実な方法なのである。

レナの報告は、それを裏づけた。彼女は、男性化された和平交渉を今日もなお志向するさまざまな力学について、クィンナ・ティル・クィンナがおこなった詳細な国際比較研究を紹介してくれた。二〇〇〇年には国連安全保障理事会理事国(もちろんアメリカとロシアを含む)が、女性・平和・安全保障についての国連安保理決議一三二五号(その場にいた多くの女性はたんに「一三二五」と呼んでいた)を採択した。それにもかかわらずこの力学が存続していることをレナは思いださせてくれた。

一三二五号は革新的だった。この決議は、国連の各機関とそのすべての加盟国にたいして、女性がたんなる「被害者」ではなく重要なプレイヤーとしてきちんと扱われるよう、具体的に行動することを義務づけるものだった。つまり、この一三二五号は、あらゆる和平合意プロセス、合意後の移行にむけた政治的協定、進行中の戦後国家改革と平和構築の展開において、女性に実質的な発言権を保証することを、国連とすべての加盟国に義務づけたのである。それでもなお、現下のシリアの交渉や近年の多くの和平プロセスでは、主要な政治的プレイヤーたちが、市民社会代表の女性たちを蚊帳《かや》の外においてきた。これは、国連自身が正式に決定した義務への目にあまる違反であると、レナは強調した。

到着したばかりのシリア人女性たちは、かつてないほど悪化している暴力のただなかで女性たちがなにを経験しているのか、さらに、そこで女性運動家たちがなにをしているのかについて詳細な説明をしてくれた。ある女性運動家は、カイロを拠点とする女性の権利団体カラマのサポートで、「平和のためのシリア女性フォーラム」をたちあげた。公衆衛生の専門家モウナ・ガーネムはフォーラムの共同設立者のひとりだった。彼女たちは、シリアのさまざまな地域で活動する女性グループをまとめようとしていた。ガーネムによれば、シリア人女性運動家の多くが一三二五号を理解しはじめており、和平協議への参加をもとめる彼女たちの要求に国際的な正統性を与えるものとして、この国連決議をとらえるようになったそうである。

シリアの市民社会運動家たち――その多くは、法、福祉事業、医療の専門家――は、交渉への女性の参加を要求する以外にもさまざまな活動に従事していた。各地区に人道支援物資を届けたり、人権侵害の事例を記録したり、紛争によって孤立するシリア人たちに断続的に食料や医療品を提供できるよう小規模な停戦状態をつくりだしたりしてきたのである。彼女たちは、実質的な地域活動をおこなうためには状況の移り変わりに敏感でなければならないと説明した。たとえば、ある都市では、大部分が現地採用された五〇〇〇人の兵士が、二万人の市民とともにいるかもしれない。この場合は、地元の人びと――その多くが男性兵士たちを個人的に知っている――が、その地区での停戦におおいに影響をおよぼしうる。ところが、そこに住みつづけることが難しいほどに暴力が激化し、何千もの一般住民が避難するような状況になると、兵士が五〇〇〇人いても、地元の住民はたとえば二〇〇〇人程度にまで減っているかもしれない。このような状況下では、短期間の停戦についての交渉すら非現実的になる。

　しかし、眼前の状況がどれほど困難であっても、シリアの女性たちが「受動的になることはありえない」と四人のシリア人女性活動家たちは口をそろえた。交戦中の男性たちは、他の男性と対抗するにあたって女性をたんなる取引材料のようにしかみておらず、女性への性暴力や誘拐はエスカレートしている。それでも、国際メディアや国際機関、あるいはわたしたち、あるいは彼女たち自身が、シリアの女性たちをたんなる被害者として思い描くべきではない、と四人は主張した。シリアの女性たちは、それぞれ多様な状況にあっても、今後シリアという国がむかう方向性にかかわりのある人びとであり、技術や知識をたずさえた人びとである。シリアの女性たちは、市民なのだ。

　その夜、コード・ピンクからの参加者たちが、フェミニスト映画監督によるドキュメンタリー映画を上映してくれた。そのなかには、アビゲイル・ディズニーによる評判のドキュメンタリー、『悪魔よ地獄へ帰れ』[*8]もあった。リベリアの女性たちが種々の困難にもかかわらず、暴力のただなかでなんとかして草の根の女性運動をつくりあげた様子を記録した映画だ。運動家たちは、リベリア和平協議に招待されるのを待たず、レイマ・ボウィに率いられて男性化された交渉の場に無理やり足を踏みいれた。そして、対立しあう部族の男性グループに持続可能な停戦を実現させることに成功した。シリアにおいても、これとおなじような女性たちの直接的な民衆行動だけが、男性が指揮する交戦グループの双方にたいして、政治的生存よりも平和を優先させる唯一の戦略なのではないか。ジュネーヴにあつまった人びとのなかには、そのように問う者もいた。

三日目と四日目

『インターナショナル・ニューヨーク・タイムズ』の朝刊は、モントルーの山岳リゾートでおこなわれている公式のシリア和平協議が前途多難でとげとげしいスタートをきった、というニュースで埋めつくされていた。言及された、あるいは発言をとりあげられた女性は、ただのひとりもいない。平和運動家の女性たちが何十人も会場の外にたち、女性の実質的な交渉参加をもとめてボードを掲げていたというのに。

　モントルーのふもと、ジュネーヴでは、シリア人女性運動家たちが国連やいくつかの政府の関係者と会合をひらいていた。ノルウェー政府がとくに協力的で、何人かのイギリス政府の関係者もそうだった。しかし、だからといって、シリアの市民社会運動家たちが交渉のテーブルにつけるようになったわけではなかった。

　どの議論のなかでも、シリアの女性運動家たちは、戦時中こそ市民社会づくりが重要なのだと強調した。一九三〇年代から六〇年代にかけてシリアの女性たちは市民社会を組織していたが、この四〇年間、シリアには市民社会のための空間がなかった、と彼女たちはくりかえした。アサド政権（父子ともに）は市民空間を組織的に破壊してしまった。ほぼ二世代のあいだに、シリアにおいて「政治的」とは、政権の一部分であるか、あるいは政権と共犯的であるかという意味に矮小化されてしまった。アサド政権かららすれば、協力的か共犯的、あるいは受動的である以外はすべて「テロリスト」だったのである。

こうした困難があってもなお、シリアの女性運動家たちは市民社会の礎《いしずえ》をつくりあげてきた――これは、政権、あらゆる武装集団、党機構や派閥のヒエラルキーからも自由な、市民の行動だ。彼女たちは、地域で活動するなかでそれを成しとげてきた。政府が対処しようとせず、また男性主導の武装集団がまともにとりあわないか、あるいはその意志もないような市民のニーズを満たしてきたのだ。シリアの女性たちは、国内で難民となった人びと――暴力のせいで家を追われた人びと（今やその大部分が、未成年の子どもをかかえた女性たちであり、家父長制のもとで「女と子ども」がいないものとされているのとはかなり様相を異にする）――に食料や医療品を供給してきた。そこは、彼女たちが真の市民として行動することのできる主要な空間になっている。このような活動をしてきたのは女性だけではないが、男性は政府軍に徴兵されるか、反体制派の兵士となるか、身をひそめるか、あるいは死傷した、とシリアの運動家たちは語った。結果として、暴力が激化するなかにあって、シリアの市民社会グループのほとんどを女性たちが主導することになったのである。

国連と政府の関係者たちは、交渉への参加をもとめる女性運動家たちの要求に反対し、次のように十把一絡げに諭した。「時期尚早ですよ。あなたたちにはまだ早いです。あなたたちは組織化されていないし、計画もないでしょう」。

ジュネーヴへとやってきたシリアの女性運動家たちは反論した。「わたしたちは、地元で活動する女性たちのネットワークを築きました。準備は整っています。実際のところ、交渉のテーブルについているほとんどの男性よりも、平和への備えができています。計画だってありますよ」。

その計画は、優先順位の高い順にならべられていた。第一に停戦。次に、すべての外国人戦闘員の撤退と武器輸入の即時中止。この二つのステップは、第三のステップへ進むためのものだ。つまり、国内でもっとも壊滅的な被害を受けた町や村への人道支援の供給だ。その先には、戦後の制度設計のあらゆる場面に女性を参加させること、それから女性にたいしておこなわれたすべての暴力が訴追されることがある。

シリア内戦が年々拡大するなかで、いくつかの特徴的な変化がみられた。戦時下のそうした変化はいずれもジェンダー化されているのだとシリアの女性運動家たちはいった。二〇一一年初頭におこなわれた最初の非暴力の民主化デモでは、女性の統率力がきわだっていた。暴力が激化すると、女性運動家たちの姿は目につかなくなった。軍事化が拡大するにつれて、シリアの政治生活における男性化も進んだ。国内初期の民主化運動でリーダーを務めた女性たちの多くは、国外に避難しなければならなくなった。国内に残った運動家たちは、より目立たない地域の人道的業務にとりくむほかなく、そうした仕事は政治生活の外部にあるとしばしば誤解されてしまう。二〇一四年のはじめに公式の国連和平協議がはじまり、それはみかけ通りの空疎なものだったわけだが、そこでシリアの女性運動家たちはふたたび、より明らかに政治的になっていったのだった。

内戦のなかでおこった二つめの変化は、シリアの家族と経済の変容だ。この二つの変化は、当然つながっている。戦闘力の増強とそれにともなう暴力の拡大は、より多くの女性世帯主の家をつくりだした。

しかしこの変化は、家父長制の後退と解釈されるべきではない。家族を経済的に支えるうえで女性が頼りにされるようになればなるほど、彼女たち自身の経済的機会は縮小していったのだ。その一方で男性兵士の多くは、戦闘に参加することで賃金を得ていた――決して多くはないが、彼らが戦闘を経済活動とみなすようになるには十分な額だ。さらに、地方の村の指導者たちのなかには、武装した検問所を金もうけの手段にする者もあらわれた。村の周辺に検問所を設置し、通過するすべての車両から通行料を徴収するのである。こうして、紛争の継続にたいして個人的な経済的利害関係をもつ者がではじめた。

第三に、内戦がより暴力的になり、男性化された武装集団――シリア人と非シリア人、アサド派と反アサド派、そしてイラン、トルコ、アメリカ、ロシアの軍隊――が急増するにつれて、男性が女性を標的にする事態がいっそう顕著になった。女性と少女の人身売買、女性にたいする性暴力、少女の強制的な早婚、女性の拘束と拷問、イデオロギー目的での女性の言動にたいする厳格な統制――これらすべてが、二〇一一年の中盤から二〇一四年の初頭にかけて増加した。

つまり、「戦争」は静的なジェンダー化された状態ではない。武力紛争は変異するし、家父長制の姿かたち、そして家父長制にたいする人びとの反応も変わっていく。こういった変化をかえりみない和平交渉――それは、変化にたいする関心がいちじるしく低い人びとによってひねりだされる――は、平和を持続させるのではなく、家父長制を存続させるような和平合意をうみだすことになる。

五日目――最終日、ただしおわりではない

シリアの市民社会運動家と定期的に連絡をとりあうトランスナショナルなフェミニスト団体は、シリアの女性たちにさまざまな支援を提供した。政府関係者との橋渡し、彼女たちの分析や計画についての情報発信、会合に参加するための旅費、他の戦争を経験し他の男性化された扉を押しあけてきた女性たちと知識や戦略を交換する機会。さまざまなトランスナショナル・フェミニスト団体——WILPF、コード・ピンク、ウィメン・イン・ブラック、ウィメン・リビング・アンダー・ムスリム・ロー[*9]、クィンナ・ティル・クィンナ、MADRE、イクオリティ・ナウ[*10]、カラマ[*11]、ICAN、それからWAND[*12]をはじめとするアメリカ拠点の女性平和団体——で活動する女性たちは、つねに学び、熟考してきた。どうすればでしゃばらずに力添えできるか、またどうすれば自分が主役になることなく手助けできるか、学ばなければならなかった。ひるんでしまいそうなほど難しい政治的環境のなかで、熟慮に富んだフェミニストたちが連帯を形成していく様子を目撃できたのは、有意義なことだった。

『インターナショナル・ニューヨーク・タイムズ』が、金曜日(二〇一四年一月二四日)の一面に掲載したのは、瓦礫が散らばるアレッポの路上にたつシリア人女性の写真だった。爆弾が落とされているあいだ、彼女は思わず自分の口を手でおおっていた。それをみて思った。ここジュネーヴの和平協議で、あなたの声を伝えている人がだれかいるだろうか?

主流メディアではしばしば、そしていわゆるオルタナティヴなメディアにおいてもときどき、女性はニュース写真の題材にされ、簡単な説明が添えられる。しかし彼女はすぐに消えてしまう。彼女の経験や考えについての言及はいっさいないまま、物語は進んでいく。これこそが家父長制的ジャーナリズムだ。呆然としている女性の写真を掲載した『タイムズ』の物語は彼女に背をむけ、ゆきづまる和平協議を延命させるための「泥仕合」に焦点をあてた。それは男性の物語だ。対立する男性、仲介に入る男性当局者、いずれにせよすべて男性だ——国連特使ラクダール・ブラヒミ、米国国務長官ジョン・ケリー、ロシア外務大臣セルゲイ・ラヴロフ、反体制派の男性たち、アサド政権の男性たち、イラン、サウジアラビア、トルコ、カタール各政府の男性たち、アサド政府軍の士官と徴集兵、シリアの反アサド武装勢力の司令官と兵士、国外イスラム武装勢力の司令官と兵士。

シリアの市民社会運動家の女性たちはさまざまな国の大使館の人びとと面会したが、手をかそうとする関係者はひとりとしていなかった。彼らは、市民社会運動家を交渉に参加させるために政治的資源を使おうとはしなかった。交渉がおこなわれている建物に入るための許可証すら、彼女たちに与えなかった。一〇人のシリア人女性代表との会合は、各国政府がシリアの女性たちを「気にかけている」と主張するのを許しただけだったのかもしれない。しかし実際には、彼女たちの貴重な声――その知識と、平和のための戦略――が交渉の場で実質的に聞きいれられるよう、なにかをしたわけではなかった。

公式の交渉が解散すると、わたしたちのオルタナティヴなフェミニスト会議もおわりをむかえた。わたしたちはみな、それぞれの地域に戻った。驚いたことに、シリアの市民社会運動家の女性たちは、国境をこえ、検問所を通過して戦地に戻るべく、荷物をまとめたのだった。彼女たちの仕事はまだおわっていなかった。

エピローグ――二〇一七年一月

このように、二〇一四年に女性運動家たちは、国連シリア特使とアメリカ・ロシアの共同主催者にたいし、シリア紛争の政治的解決にむけた女性たちの考え、その戦時暴力の経験、そして戦後の政治的・経済的・社会的復興にむけた提言に真剣にむきあうよう説得しようとした。彼女たちの努力は、家父長制的に等閑にふされてしまったようにみえた。ところが、まったく効果がなかったわけでもないらしい。

二〇一六年初頭、シリア内戦はいまだ苛烈をきわめ、近隣のイラクやトルコにまで波及していた。アメリカ政府は紛争に資金や特殊部隊、空軍力をつぎこみ、ロシアの空軍はアサド政権の戦力となっていた。そうしたなかで、和平協議を再開するわずかな足がかりをもとめて、あらたな試みがおこなわれていた。

国連シリア特使は交代した。二〇一四年のジュネーヴでの協議に市民社会運動家の女性をくわえることにほとんど関心を示さなかったラクダール・ブラヒミにかわって、女性の実質的な参加にたいしてより理解のあるイタリア系スウェーデン人外交官、スタファン・ド・ミストゥラが後任を務めることになった。二〇一六年二月、ド・ミストゥラは、シリア人女性による諮問委員会を設置することを公表した。諮問委員会の一二人のメンバーは、ド・ミストゥラがアサド政権および反体制派との公式の交渉にとりくむにあたり、アドバイスを提供することになった。UNウィメンは、この委員会の設置について、シリアの女性市民社会運動家の声を届けるための重要な一歩として歓迎した。活動家たち自身――それから、WILPFやICAN、クィンナ・ティル・クィンナのトランスナショナル・フェミニストの同志たちも――は、このあらたな展開に力づけられはしたが、状況を楽観視していたわけではない。「平和のためのシリア女性フォーラム」のモウナ・ガーネムも諮問委員会に参加したが、用心深く情勢を観察していた。結局のところ、市民社会の女性たちは過去二回の交渉には参加できていない。たとえそれらの交渉にたいした進展がなかったとしても。すべては、彼女たちのメッセージを交渉の場にもちこむド・ミストゥラの手腕、そして、張りあう男性交渉人たちがそれとむきあう真剣さにかかっているというわけだ。

警戒しなければならない理由がもうひとつあった。国連特使は、アサド政権を代表する女性も諮問委員会にいれるべきだと主張した。さらに彼は、選ばれた一二人もの多様な女性たちにたいして、共同の要望リストを作成するよう命じた。つまり、交渉の場にいる男性化された交渉チームが交戦相手同士とみなされ、たがいに対抗しているかたわらで、諮問委員会の女性たちは、なんらかのかたちで合意に達したときにかぎってまともにとりあつかわれるということだ。彼女たちも男性たちと同様に、対立する政治的地盤を代表しているにもかかわらず。

よくあることだが、男性化された意思決定プロセスに足を踏みいれようとする女性たちは、そのなかの男性たちが用意した隙間が本物の機会なのかたんなるみせかけなのかを見定めなければならない。何千もの人びとがアレッポから避難していた。すでに難民キャンプにいる女性や少女たちは、少女が早婚を強いられることに抵抗していた。そうしたなかで、戦争で破壊された国の内外にいるシリアの運動家の女性たちは、あらたに提供された機会が真に変革的なものかどうかを問うていた。国連が考案したシリア人女性の諮問委員会が、国際的な家父長制の実質的な後退を象徴しているわけではない可能性もある。男性化された国際システムは、家父長制の中核を維持するためにこれまでもさまざまな革新をおこなってきたが、今回の動きもその最新のヴァージョンにすぎないかもしれないのだ。

二〇一六年一二月、国連およびアメリカとイギリスの外交官を無視して、ロシア、トルコ、そしてシリアの政治エリートたちがアレッポでの短期間の停戦合意をとりむすんだ。ロシアの空爆がやむと、アレッポに残っていた市民と反体制派の兵士たちが避難できるようになった。すると、アサド政権の軍隊による街全体の支配がはじまった。国連のシステムも変わらず家父長制的ではあるが、ロシア、トルコ、シリア政権のトリオにはとてもかなわなかった。

さてこれで、持続可能な家父長制の今日的なモデルがみえてきた。

第一に、武力による暴力を終結させる真剣な営みから女性を排除すること。

第二に、女性の参加をしぶしぶ認めたとしても、彼女たちを最終的な意思決定の末端にとどめおくこと。

第三に、重要な意思決定の末端にくわわることを許された「幸運な女性たち」に、その脆弱な連携がほころびるような要求をすること。

第四に、外交交渉がゆきづまっているときに、男性化された武力による暴力を実行すること。そうして、結局は空爆と「地上軍」が戦争の勝者を決めるのだという家父長制的な考えをながらえさせること。この誤った「持続可能性」のモデルを描きだすと、いわゆる国際情勢を動かしている家父長制的なやり方に効果的にたちむかうことなど不可能だという思いが、ますます強くなるかもしれない。しかしそれはまちがっている。一山こえた先にまた山がみえることで落胆してしまうかもしれないが、そうして少しずつ物事を明らかにしていくのだ。一つひとつのステップが、家父長制的政治にかぶせられた迷彩柄のおおいをとりはらう。それは、家父長制的政治が歴史のみえざる手による不可避のもの（すなわち説明不能ということ）ではないと示してくれる。むしろきちんと説明をすることで、家父長制的シナリオが意図をもってつくられたものだということが明らかになる。それを暴露することで、フェミニストは家父長制的シナリオに挑み、すべての当事者に一つひとつの責任を課すことができるのである。

第三章　カルメン・ミランダが戻るとき

人は、時間がものごとを解決するだろうといった楽観的な考えに陥りやすい。むかしは、組織的なレイプは戦争犯罪だと考えられてはいなかった。むかしは、女性ジャーナリストは新聞の生活面担当に追いやられていた。むかしは、工場長たちは、衣料労働者を危険な工場ではたらかせることができた。このいい方では、変化に必要だったものがみえなくなってしまう。さまざまな社会で多様な女性たちと味方の男性たちが分析し、組織化し、リスクを負っていたにもかかわらず、その小さな達成の積み重ねがなかったかのようにみえてしまう。つまり、家父長制を撃退するにはたんに時間の経過だけが必要だったのだ、と。

おそらく、この楽観主義——時が経てば前進するという信仰——こそが、二〇一三年にわたし自身の安直な思いこみを支えていたのだろう。二〇年のあいだ別の研究をして、グローバル化された政治経済の領域に戻ったとき、家父長制は衰退しているだろうと思っていた。

だが驚いた。

家父長制というのは、フェミニストたちがこれまで問題にしてきたひとつか二つの考え方——たとえば、娘は息子にくらべて親が金をだす価値がないだとか、男性は女性よりも優秀な科学者になるだとか——にのみもとづいているわけではない。もちろん、家父長制を打ち崩そうとするなら、そうした考え方もあらためられなければならないのだが。さらにいえば、家父長制は、フェミニストたちが変えてきたいくつかの関係性にのみもとづいているわけでもない——たとえば、男が自分の妻を性的にいくらでも利用できるだとか、組織のなかで女性は男性上司の忠実な補佐という立場しか与えられていないだとか。くりかえしになるが、こうした家父長制的な関係性を変えるのは、途方もなく困難であり、女性の権利拡大を訴えるたくさんの人びとがその役目をひきうけてきた。家父長制は、考え方と関係性の両方からなる特有の複雑な網の目だ。それは女性と男性、少女と少年を、不平等で異なるカテゴリーに押しこむ。さらに、特定の男らしさを実質的にすべての女らしさの上位に位置づけ、そして——これが肝心なのだが——そうした男らしさの要件を満たす男性たちが、ほとんどの女性にたいする支配を確実に行使できるようにする。

つまり、家父長制はひろくて深いのである。それは人種差別や階級差別とは異なるが、それらを養分にしている。

家父長制は、女性や少女からただちに拒否されるわけではない。家父長制のシステムにうまくはまる方法をみつけた女性には、たくさんの利得がある。婚姻による経済的安定、社会的地位、ときには国家からの褒賞までも。家父長制に抗おうとしない女性は、その美貌や女らしさ、(娘として、妻として、秘書としての)忠誠をたたえられる。彼女は、その忍耐強さ、思慮分別、家事の腕前、母性的献身、性的魅力、自己犠牲的なケア、愛国心を高く評価される。

家父長制は、たくさんの考え方で織りあげられており、親密な関係性または公的な関係性を通して維持されている。だからこそ頑強で、同時に驚くほど柔軟なのである。

わたしの書斎には、ハリウッドのポスターのオリジナル版がある。一九四〇年代の映画ファンだった兄デイヴィッドが手にいれたものだ。バズビー・バークリー監督による一九四三年の映画『あつまれ！仲間たち[*1]』の宣伝ポスター。バークリーのド派手なエンターテインメント映画のひとつだ。映画は苛烈な戦争の最中に封切られた。映画ファンのほとんどは、深刻な経済恐慌からなんとか抜けだそうとしているところだった。そうしたなかバズビー・バークリーの世界は、巨大なイチゴであふれていた。

デイヴィッドは、わたしが突然ブラジルの女優で歌手のカルメン・ミランダが果たす政治的役割に興味をもったと知って、ポスターを探してくれた。彼女はブラジルでラジオやレコードのスターとして活躍していたが、一九四三年頃に渡米し、はじめはブロードウェイの舞台、ついでハリウッドの銀幕で観客を感嘆させた。テクニカラー[*2]は彼女のために開発されたようなものだ。映画ポスターの中央にいる彼女は、巨大なイチゴのあいだをきどって歩いている。頭にはプランテーションひとつ分のバナナがのっている。国際政治をフェミニスト的に理解しようとするわたしの旅のはじまりとなった著書は『バナナとビーチと軍事基地』だが、その表紙を鮮烈に飾ったのがこのカルメン・ミランダのイメージだった。

『バナナとビーチと軍事基地』へと結実する調査をはじめたのは、一九八〇年代後半だった。すでに一〇年以上の歳月を軍隊における人種差別、女性についての比較政治、そして東南アジアの政治についての調査と教育に費やしていた。わたしは、進取の気性に富むイギリスの小さなフェミニスト出版社、パンドラ社から刊行するために原稿を執筆した。イギリスでの出版（一九八九年）から一年後、『バナナ…』はアメリカでも刊行されることになった。カリフォルニア大学出版局からだ。この本はフェミニストの商業出版を意識して書いたものだったのだが、この著名な大学出版局でペーパーバック化されてから急に売り上げをのばした。率直にいってこれには驚いた。

思いかえしてみると、ちょうどよいタイミングだったと思う。一九九〇年代初頭、多くの女性学の教員が自分たちの講義を国際化しようとしていた。時をおなじくして、多くの国際政治学の教員も、長らく無視してきた国際関係のジェンダー化されたダイナミクスを探究しようとしはじめていた。

バナナ。わたしがバナナについて政治的かつ国際的に考えるまでに、驚くほど長い時間がかかった。そして、バナナのグローバルな政治のなかで女性はどこにいるのか(また、男性はどこにいるのか)、なぜそこにいるのかを問うには、さらに長い時間が必要だった。「驚くほど」といったのは、何年ものあいだ、別のプランテーション作物に集中していたからだ。マレーシアで、わたしはゴムのプランテーションの一角に住んでいた。熱帯地方の朝のすずしさのなか、インド系マレーシア人の樹液採取者がまだら模様の細いゴムの木にとりつけられたココナッツの器を空け、ラテックスをあつめる様子をよく眺めた。[*3]ほんの数年前には、共産主義ゲリラがこのプランテーションを支配していたのだが、ラテックスは一九六〇年代中頃にふたたび通常の流通経路で国際市場に入るようになった。そこから、ダンロップ社によってテニスボールや自動車のタイヤへとつくりかえられるのだ。

その五年後、わたしはガイアナ共和国の国立大学で、公務員むけの夜間クラスを受けもっていた。キャンパスは砂糖プランテーションの端に位置していた。大きな甲虫が光につられて、開いた窓から教室に入ってくる。ガイアナはすでに脱植民地化していた。多国籍企業のブッカー社がまだガイアナの砂糖産業のほとんどを所有していたが、サトウキビを植え、収穫する重労働を担っていたのはインド系ガイアナ人の労働者たちだった。

ゴムと砂糖。樹液採取者とサトウキビ労働者。ダンロップ社とブッカー社。マレーシアとガイアナ。何年ものあいだ、わたしは、これらすべてをジェンダーへの好奇心なしに考えていた。人種、民族、階級、国籍——これらがわたしの分析視座となった概念だ。それぞれの概念は——今もなおそうなのだが——ゴムと砂糖の政治を理解するために重要なものだ。どこではたらくプランテーション労働者であっても、たんに「労働者」とみるのでは信頼にたる政治的解釈はできない。ましてや予測などもってのほかだ。それにもかかわらず、これら四つの複雑で説明的な概念をすべてくみあわせたとしても、グローバル化されたプランテーション作物(ゴム、砂糖、コーヒー、茶、パイナップル、パーム油)の国際政治を(ときに変容させながら)つくりあげてきた権力の完全な作用を説明するには不十分であることが明らかになった。

『バナナとビーチと軍事基地』の改訂作業をするなかで、二〇年ぶりに国際的なバナナの政治にたちもどってみると、驚いたことに政治的な登場人物の一部はまったく変わっていなかった。チキータ社(かつてのユナイテッド・フルーツ社)、ドール社、デルモンテ社。アメリカ、フィリピン、イギリス、コスタリカ、ニカラグア、コロンビア、そしてウィンドワード諸島の政府当局者たち。消費者の主婦。バナナ労働者の労働組合。しかしやがて、バナナの国際舞台で役割を担うあらたな役者がいることに気づかされた。カルフール、テスコ、ウォルマート、コストコといった、グローバル化された大規模チェーンのスーパーマーケット。野心的なエクアドル人で反労働組合的なバナナ産業の有力者アルヴァーロ・ノボアとそのボニータ・ブランド。世界貿易機関(WTO)。ブリュッセルに拠点をおくEU当局者。フェアトレードの非政府組織(NGO)。バナナ労働者の女性たちのトランスナショナルなネットワーク。

そしてもちろん、電子的なソーシャルメディアがプランテーション労働者の活動家と食品安全の活動家をつなげている。ただ他方でインターネットは、カルメン・ミランダを、たんにドラァグクイーンが自撮り写真のヒントを得るためのものへ変えてしまった。

こうした変化がある一方、変わらないものも二つあることに気づいた。第一は、過去数十年同様、今日のバナナの国際政治経済は、女性たちの低賃金あるいは無賃金労働がなければ成りたたないということだ。いたみやすい果物を栽培、輸出し、市場にだすこの複雑なシステムは、女性たちの仕事が熟練を要さず、その賃金はたんなる「小遣い稼ぎ」なのだという想定に依存している。第二は、多くの(ほとんどの?)国際政治解説者が依然として、高い利益をうみだすグローバル化された生産物のジェンダー研究を、二次的な問題として軽視しがちだということだ。これらの産業が女性の労働に依存している現実にもかかわらず、また、フェミニスト的なすぐれた学術研究や活動家の報告が近年急速にでてきているにもかかわらず、である。朝食のシリアルにバナナのスライスをのせることがあったら、こうした問題について考えてみるとよいかもしれない。

二〇世紀後半、グローバル化していく家父長制の作用は往々にして軽視された。しかし、今日の世界を読み解いてみせる多くの観察者——たとえそれが批判的な観察者であったとしても——にとっても、それは依然として補足的な視点のようである。家父長制だけが持続できたわけではなく、専門家たちのフェミニスト的好奇心の欠如もまた持続してきたのだ。WTOについてのジェンダー分析を、大学の講義の主要なケーススタディにする人がいるだろうか? テスコやカルフール、チキータの国際政治について、系統だったジェンダー分析をおこなうよう学生を後押しする教員がいるだろうか? 大学、機関、あるいは大規模なNGOの人間が、こうした問いにたいして自信ありげに、「ああ、それならうちのジェンダー専門家がやっていますよ」などと答えるとしたら、それは今なお残る「二次的問題」現象の証拠である。なにが「二次的問題」に追いやられているか——そして実際だれがそうしているか——細心の注意をはらって観察することで、家父長制の持続になにが必要なのかを明らかにできるだろう。

「ジェンダー分析」とは、まずはあらゆる組織や機関、産業、あるいは社会運動について、すべての地位に位置する女性と男性の見取り図を、時間的経過のなかで描きだすことを意味する。それから、その図のなかで女性がある立場をどのように獲得したのか、また男性はどうなのかを明らかにする必要がある。

次の問いに進んでみよう。大部分の女性や男性が今の立場にいることで、利益を得ているのはだれか？ 別のいい方をすれば、「ジェンダー化」は、はしごのいちばん下の段——塹壕のなか、くみたて工場、ゴムの木々のあいだ、投票用紙記入所——のみでおきるわけではない。ジェンダー化はエリートの段でもおきている。もし通商条約の交渉(あるいは和平交渉やクーデターの計画)に関与する人びとの大部分が男性であるなら、その意思決定は男らしさの作用に貫かれている。たとえば議論の過程で、参加者のひとりか、もしかするとほとんどが、信頼性に傷をつけようと相手を女性化しているかもしれない。

だから、ジェンダー分析をするためには、対抗する者同士であれ仲間同士であれ、すべてのアクターがおこなう、男らしさと女らしさ両方についての考えや実践の操作を逐一調査する(くりかえしになるが、時間的経過を追って)ことが必要だ。たとえば一九六〇年代、三つの大規模なバナナ生産会社の男性経営者たちがプランテーションに洗浄小屋を設置した。その際、彼らは女らしさについての考えと「女性の仕事」の意味をたくみに利用した。女性が従事しているというまさにそのことで、洗浄小屋の作業は低熟練の仕事として特徴づけられた。それを正当化するために、家父長制的な操作をおこなったのだ。女性は洗い物をする。それは女性が自然にやっていることだ。だから技能ではない。したがって熟練労働として賃金を払う必要はない。

同様に、男らしさについての考えは組織の目的のためにたくみに利用される。男性（そしてときには一部の女性）が自分たちの国軍や反乱軍に必要な数の若い男性を徴集しようと戦略を練るとき、彼らはおきまりのように戦闘――あるいは少なくとも武器をもつこと――を、「本物の」男らしさを証明するものとして描く。十分な数の若い男性たちにこのジェンダー資格が本物だと思わせることができれば、自分たちの軍隊の人員を満たせると信じているのである。

ジェンダー分析には、知的な労力がいる。表面的な観察や先入観のある仮定では不十分だ。『バナナとビーチと軍事基地』の改訂版を執筆しながら、そのことをあらためて学んだ。しかしそれがわかっていても、軍事基地、バナナ、衣服、ツーリズム、外交、家事労働者、ナショナリズムをめぐる国際政治の最新事情に踏みこんだとき、ふたたび衝撃を受けずにはいられなかった。この二五年間におきた、まちがいなく重要な変化のなかにあっても、国際政治の家父長制的ダイナミクスは存続していたのだ。

それを目の当たりにして、家父長制は国際政治を正確に理解するうえで決定的に重要な概念だという思いを強くした。この概念は、時代遅れのものではない。家父長制は、熟したバナナや、きわめて危険な軍隊とおなじくらい、時代の先端を行っている。

国際政治における関係性や傾向が、特定の男らしさを特権化することに依拠して権力や地位、物質的利益を配分するのなら、それは家父長制的だといえる。また、女性的だと考えられるものが、称賛はされても権限を与えられない場合、あるいは、国際システムの階層的秩序の下位におかれ、より女性化されていないとされる者の支配や搾取を受ける場合、そこでは家父長制が作用しているといえる。

こうした持続性を発見することで、国際政治の家父長制がもつ驚異的な順応性にあらためて気づいた。順応性を研究する唯一の方法は、現象を時間的経過のなかで追跡することだ。現在に注意をはらうだけでは、構造的システムや文化的システムがもつ順応性を過小評価することになる。それは、意味ある変化をもとめることに失敗する危険だけでなく、理論的にたちおくれる危険をもおかすことになるはずだ。『バナナ…』新版のための調査をするなかで、以下のようにいくつかの家父長制的持続性を明らかにできた。

米国国防総省は、フィリピンの巨大なスービック海軍基地を閉鎖することも、グアムやイタリアにある基地を大々的に拡張することも、アラブ首長国連邦やサハラ砂漠以南のアフリカにあたらしく「リリーパッド」[*4]の基地を複数設置することもできる。しかしいずれにしろ、アメリカの安全保障政策で変わらないのは、男性軍人と現地の女性との交際の管理が政府間合意に依存していることだ。地球上のどこでも、どの政府の軍事基地でもいいからみてほしい。そうした軍事基地——アメリカ、ロシア、中国、フランス、イギリス、サウジアラビア——はどれも、たいていは本国に残される非軍人の妻と兵士である夫との関係を政府が管理することに、一定程度依存している(本書第六章を参照)。同時に、これらの基地はいずれも、軍の男性(そして軍事化された請負業者の男性)と地元の女性あるいは基地の近くにいる難民の少女や女性との性的関係を規制するために、受けいれ国の当局者との協力にも依存している。

さまざまなタイプのナショナリストが今やフェイスブックやツイッターを利用しているだろう。それでも彼らの多くがイメージする国家はいまだに、男性化された保護する者と女性化された保護される者で構成される、むかしながらのものだ。そういった類の国家では、和平交渉を指揮し、憲法を起草し、国の優先事項を決め、治安部隊を配置し、外国の敵とわたりあう技能をもっている人びとが、保護する者だと一般に思われている。

多くの国の外務官僚組織は、外交官というキャリアを女性たちにもっとひらくことができるし、外交官の配偶者は「ボランティア」として社会的役割を果たすので十分だと主張することだってできる。それにもかかわらず、彼らは、貿易や安全保障の外交交渉を円滑に進めるうえで、妻としての女性の無償労働に頼りつづけるのである(増えつつある外交官僚の男性配偶者は、このかわりばえしない想定には実際のところ含まれない)。

グローバル化されたアパレル企業は、あらたな監視人であるNGOからの批判を避けるため、自分たちとミシンの前の労働者たちとのあいだを仲介する業者を増やし、さらに工場を韓国から中国へ、あるいはバングラデシュ、インドネシア、カンボジアへと移転することができる。そのあいだも、企業の幹部と受けいれ国のエリートたちは、自分たちの同盟を男性化しつづけることにこだわる。また、それぞれの組織を安定させる必須条件として衣料品生産を女性化することにこだわる。マンゴ、ノース・フェイス、オールド・ネイビーなどのブランドは、あたらしい流行をうみだす一方で古びたジェンダーの手口に依存しているというわけだ。

ここで注意。こうした数々の現象の持続性を明らかにしたからといって、国際政治のジェンダー化された性質にこの数十年間でまったく変化がなかったというわけではない。実際のところ、これらの探究は、国際的な家父長制的文化と構造を維持するために、たとえば一九八〇年代にくらべて今はどれほど多くの労力——権力の行使——が必要なのかを明らかにしてくれる。

今日、特定の男らしさを特権化し、特定の女らしさを「軽視」することに挑む女性たちがいる。彼女たちは、政治経済と安全保障におけるグローバル化された家父長制のはたらきを明らかにし妨害するために、あらたな資源を蓄積し、分析概念をつくりあげている。たとえば、何十ものグループのトランスナショナルなフェミニスト活動家たちは、「女性、平和、安全保障についてのNGOワーキング・グループ」のようなネットワークをつくっている。ニューヨークに拠点をおくこのトランスナショナルなネットワークは、国家やロビー活動団体が、国連事務局と加盟国のつくりあげたジェンダー平等へのとりくみを弱体化させたり、女性の権利を減じようとしたりしないか、監視している。このNGOワーキング・グループが綿密で見識ある監視をおこなっているからといって、破壊的な家父長制的試みに歯止めがかけられるわけではない。それでも、今日それらが見過ごされずにすむことは難しくなっている。だからこそ国連とその加盟国当局は、家父長制を維持する試みとの共犯について、より多くのエネルギーと政治的信用をかけて弁明しなければならないのである。

たとえば、女性が八〇％を占める家事労働者たちをめぐる国際的な家父長制的政治を考えてみてほしい。フィリピン、スリランカ、インドネシア、ブラジル、ペルー、ジャマイカ。この二〇年のあいだ、ますます多くの国が、国外ではたらく移民家事労働者の女性からの送金に経済的安定を頼るようになっている。同時に、受けいれ国――ヨルダン、シンガポール、香港、マレーシア、カタール――では、より多くの国家エリートたちが国外の女性を受けいれ、増大する中産階級の人びとの自宅を清掃させることで、現代社会の高級クラブに仲間いりしたと考えるようになった。

それにもかかわらず家事労働者たちは、圧倒的な障害――受けいれ国による脅しや、国外にいる女性からの送金を滞らせるようなことをするのに難色を示す自国政府――を乗りこえ、労働についてのあたらしい概念と、その概念を実地にうつすためのトランスナショナルな組織、国際家事労働者連合（IDWF）をつくりだした。二〇一一年、IDWFの活動家たちは、ジュネーヴの国際労働機関（ILO）本部にあつまった各国の代表にＩＬＯ決議一八九号を採択するよう説得した。そして、大方の予想に反して成功したのである。それは、家事労働者として雇用される女性と男性に労働者としての権利を明確に保証する、はじめての国際条約だった。

ＩＬＯ一八九号が歴史的第一歩であるという事実が物語るのは、家事労働者の労働条件を私事化し、国際的な保護を回避しつづけるためにいかに多様な権力が行使されてきたのかということだ。もちろん、私事化は――国家的、そして国際的な――政治的な過程だ。そうした公的な責任の回避を維持しようと、何十年にもわたって戦略が練られ、行動がとられつづけてきた。家父長制の持続可能性はそれ自体が、思考や行動、同盟の結成を必要とするような過程なのである。私的なもの、家庭的なもの、女性的なものがイデオロギー的に混合されつづけるようにすることが、国内的かつ国際的に、賃金家事労働の家父長制的政治を永続させる核心にあった。

このことは、ＩＤＷＦを設立し、ＩＬＯ一八九号の採択を勝ちとった家事労働者たちの成功をいっそうきわだたせる。家父長制の持続可能性は阻止できないわけではないのだ。ただ、だからといってフィリピン、スリランカ、インドネシア、ジャマイカ、ペルー、ブラジルの家事労働者が、ヨルダンやシンガポールで仕事をする際にパスポートを自分で保管できるようになったわけではない。そうした達成だけでは、多くの国の立法府が即座に一八九号を批准することにはならない。一八九号の批准を拒否している政府にはイギリスやアメリカも含まれる。ＩＤＷＦのウェブサイトによれば、ジュネーヴでの勝利から五年経った二〇一六年一〇月までに、この条約を批准したのはたった二三カ国だった。

一〇月一一日、自国の政府が一八九号を批准すると、ジャマイカ家事労働者組合の女性活動家たちは、記念写真を撮るためにあつまった。どの女性も、「家事労働は労働だ」という根源的《ラディカル》な主張をプリントした青いTシャツを身にまとっていた。

持続可能な家父長制は、家庭とは人権法が届かない私的領域であるという神話を育みつづける。そうなると当然、私的領域でおこなわれる仕事は「本物の」仕事ではない、ということになる。ドメスティック・バイオレンスの認知と訴追を難しくしている主張が、家事労働者を労働者として認識させることをも困難にする。IDWFの結成とILO条約一八九号の採択で、こうした補完的な神話を屋根裏に追いやることができたわけではない。それでも今日、女性化された家事労働という政治化された考えから利益を得ている人びとは、そのような家父長制的な考えを生きながらえさせたり、そうした考えからもたらされる利益にしがみついたりするために、より多くのエネルギーと政治的信用を必要とするように

——国連の場合とおなじように——なっている。

最近のこうした熟考のなかで、教育者という立場で物を書くことがいかに役立つかをあらためて実感するようになった。ここで教育とはひろい意味のものを指している。学生という読者にむけて書くときにかぎらず、専門分野のおなじ人びとや同僚にむけて書くときにも役にたつ手立てなのだ。教育者という立場で書くことで、分析的な記述の仕方を鍛えられる。未来の読者を想定(そして尊重)するからだ。視線を講義メモではなく学生たちにむけると、教えることはもっと効果的になる。長く教えていると、教師は、学生たちの懐疑を示す微かな(まあ、ときにはそれほどひかえめでもない)シグナルを受信するようになる。教室の後方に座るという選択、つりあげられた眉、前屈みの姿勢、近くの人にわたされるメモ——そしてフェイスブックを眺めている無数のパソコン。

なんともありがたいことだ。そうしたわかりやすいジェスチャーは、そのとき理解させようとしているポイントがうまく伝わっていないこと、そして別のコミュニケーションの方法を試す必要があること

を示している。国際政治を信頼にたるかたちで理解するには明確なジェンダー分析をすることが重要だ、と確信している教師たちには、こうしたシグナルがたびたび送られてくる。ジェンダーに注意をむける教師は、シグナルが送られたまさにその瞬間をとらえて、聴衆に示さなければならない。女らしさや男らしさの政治的作用について真剣に考えなければ、自分たちの生きる世界について、たんに不完全なだけでなく――だれしも不完全さからは逃れられない――信頼性を欠いた説明をすることになるのだ、と。

いいかえれば、どのような聴衆や読者にむけてであれ、分析的な授業や執筆をおこなうときには、受け手の懐疑を尊重する必要があるということだ――ただし、傲慢さや駆けひきからくる懐疑ではない。むしろ、なじみのない一連の研究が現実世界といかに関連しているかがまったくわからないときにひきおこされる懐疑だ。学生は、あたらしく紹介された考えや、耳あたらしい問いがなぜ重要なのかを知りたがる――そして彼らには知る資格がある。この意味で、学生たちは知的な効率性に関心をもっている。学生たちは、あるなじみのない分析的経路を無視すればなにを見落とすことになるか、険しくあたらしい道を進むための余分な労力を避け、使い古しの従来の道路で旅をつづけるといずれどんな代償を支払うことになるかを知りたがっている――そして彼らには知る資格がある。

実際のところ、こういったフェミニスト的な分析的問いの数々を拒否しつづけると、なにを見落としてしまうのだろう？　そしてそれを見落とすと、世間一般のものの見方は全体としていかに信頼のおけないものになるのだろう？

バナナの国際政治――そして基地、海岸、家事労働、外交、ナショナリズムの国際政治――をふたたびとりあげてから、わたしは本物の懐疑を尊重することについて考えつづけている。今日では、ますます多くの聴衆や読者が「ジェンダーと国際関係」と呼ばれる教育・研究分野を少なくとも認識している。

フェミニスト研究の概念を使った専門家の論文を一本か二本読んだことがある人さえいるかもしれない。その一方で、大部分の国際政治研究では、ジェンダー的好奇心は相変わらず周縁的で、それゆえ付加的なものとされている。だからこそ、「それを問わないことでなにを見落とすのだろう？」、「なぜそれが重要なのか？」という疑問は依然として意味をもつのだ。

軍事基地政策、ナショナリズム運動、そして食料、衣料品、ホテル、風呂掃除の政治経済といった、一見ばらばらな国際的現象がある。それらをつくりあげるジェンダー政治の特定のダイナミクスにふたたびとりくむことになった今のわたしには、その二つの有用な疑問について話す用意が以前よりできているように思う。

国際政治における男らしさと女らしさの作用について真剣に考えないと、なにを見落とすことになるのだろう？　思うにもっとも重要なのは、権力を過小評価してしまうことだ。フェミニスト的ジェンダー分析を無視する（あるいは儀礼的な理解しか示さない）と、権力の場と種類がもつひろがりをおおいに過小評価することになる。これは、複雑な家父長制的国際政治システムを支える構造や信念のシステムをつくり、維持するあらゆる過程で行使された（そして現在も行使されている）権力についてもあてはまることだ。政府当局は、女性と国家との関係や、さまざまな男性たちとの関係を管理しようとする。しかし、多くの「主流の」国際問題の解説者は、そこで行使される権力の種類やその度重なる使用について、検討や説明をしようとしない。こういった専門家たちは、婚姻、労働、市民権や移住、貿易、債務、軍事主義や武力紛争、国際組織、国家建設、あるいは戦後の国家再建をめぐる国際政治のジェンダー化——そして再ジェンダー化——を追究しようとはしないのである。

女性——英雄的な女性や称賛される女性だけでなく、すべての女性——をまともにとりあげずにいれば、こうした好奇心を欠いたままでいるのは容易だ。たとえば、「子ども兵士」や「反乱者」や「市民社会」をひとまとめにとらえたり、「ロシア」や「中国」を一枚岩の国家として扱ったりすれば、それぞれの行為主体やその関係性に男らしさや女らしさの政治がおよぼしている影響をたやすく否定してしまう。おなじように、ウォルマート、アップル、フォックス・ニュース、ツイッター、マンゴ、現代《ヒュンダイ》、テスコ、BAEシステムズ、あるいはフォックスコンを、統一的で非ジェンダー化された意思決定者ととらえるなら、それらの企業で実際に国際的な意思決定をおこなう人物が男らしさや女らしさにつねに影響されていることを無視してしまうことになるだろう。

　女性はどこにいるのか、と問うこと。それは、あらゆる組織や国家において、（階級やナショナリティ、セクシュアリティ、人種にもとづいて）女性たちがどこにいるのか、また、（階級やナショナリティ、セクシュアリティ、人種にもとづいて）男性たちがどこにいるのか、そしてそれはどうしてなのかを検討するための、手っ取り早い方法だ。もちろん、あらゆる国際的な行為主体をジェンダーと交差させようとすれば、分析の労は増える。統一的だと思われていた行為主体の内的なダイナミクスについて、もっと好奇心をいだかなければならない。フェミニスト的な国際分析の貴重な貢献のひとつは、組織内部のジェンダー・ダイナミクスがいかにして国家間と国家内、そして企業内のダイナミクスに影響をおよぼすかを明らかにしたことにある。国連安全保障理事会、米国国務省、トルコ軍、中国共産党政治局——こうした影響力ある組織のなかで男らしさと女らしさがどう作用するのか、今のところほとんどなにもわからない。ジェンダー分析の技法を洗練させず、使わなければ、国際政治における行為主体の過少評価とあいまって、権力およびその展開、その展開への度重なる挑戦にたいする過小評価という重大な帰結をまねくことになる。

あらゆる種類の権力とその行使を考慮にいれるようになると、家父長制的な文化も構造も自然ではないことがみえてくる。それらは自動的に持続可能になっているのではない。むしろ工夫をこらされ、たえまなく研ぎすまされているのだ。日々刻々と。そして挑まれ、防衛されているのだ。時々刻々と。
政治理論の発展のおかげで、わたしたちは国家がつくられたものであると理解している。資本主義の文化と構造についても、つくられたものだと知っている。レジームと人種主義的システムについても同様だ。しかしわたしたちの多くは、はっきりとジェンダー化された国際関係を持続させる文化と構造については、依然としてこのことを認識したがらない。

それを見落とすことがどうして問題なのか？　これが、真に懐疑的な聴衆や読者から的確にもだされる二つめの問いだ。なぜ問題なのかといえば、わたしたちが不公平を減らし、不正をあらため、権利を保証し、暴力をおわらせるために、膨大なエネルギーを集合的につぎこんでいるからだ。男らしさと女らしさについての考えと実践がどのようにはびこるのかを真剣に注視せずに解決策を考えたところで、それが善意によるものであったとしても、その解決策は一時的で、悲惨なまでに不適切なものになるだろう。わたしはますますそう確信するようになっている。

むかしながらの家父長制にせよ更新された家父長制にせよ、どの交渉のテーブルでもほとんど話題にあがることはない。たとえアジェンダにあがったとしても、解決策を考える場にまねかれた人間はだれひとりとして、ジェンダーにどうとりくむべきかを知るための洗練された分析的なフェミニスト技法をもっていない。フェミニズムというのは、特定の価値観ととりくみのコンビネーションだ。同時に、識別の技法、調査の技法、解説の技法でもある。男らしさと女らしさの政治による原因と結果を検討するために必要な技法が、そうした重要な席にいるほとんどの人たちには驚くほど欠けている。そのかわりにもっているのが、家父長制を持続させる道具だ——お気楽な本質主義、狭量なアナロジー、いい加減な推測、女性蔑視的な恐れ、そして侮蔑的なジョーク。

こうした実践は、道具のようにはみえないかもしれない。実際、まさにこれらは見た目が道具らしくないがゆえに有効なのである。しかしこれらは道具だ。家父長制を存続させるために設計された道具だ。それは、今日の国際政治システムを変容させ、この惑星の市民の大部分にたいして尊厳、機会、そして本物の安全保障を提供するように設計されてはいないのである。

第四章　ツーリズムと共犯
――タイコンデロガ、ゲティスバーグ、広島

わたしの父は、第二次世界大戦時、インド、ビルマ、イギリス、ドイツに従軍し帰還した。戦時中のほとんどを事実上のシングルマザーとして過ごしたわたしの母は、苦労して市民生活に戻った父にとっての慰めだった。戦後、平和が訪れると、両親は兄とわたしをささやかな旅行に連れていくことができるようになった。両親は車で旅をするのが好きだった。もっともよくおぼえている家族旅行のひとつは、ニューヨーク州北部のシャンプレーン湖岸への旅だ。この旅のいちばんの盛り上がりは、タイコンデロガ砦を訪れたときだった。わたしは一〇歳ぐらいだったと思う。「タイコンデロガ」と発音できるようになるだけで、冒険のようだった。

砦は、フランスとイギリスが相争っていた戦略的拠点に一七五五年に建てられたものだ。湖と河川の重要な貿易ルートが交差する、森林におおわれた国境地帯の支配をめぐって、英仏の植民地軍がたがいに争っていた時代だ。対立する二つのヨーロッパ勢力は、それぞれ別のネイティブ・アメリカンと同盟を結んでいた。それから数十年後、アメリカ独立戦争初期に、砦は戦場としてさらに有名になった。一

七七五年、バーモントの有名なグリーン・マウンテン・ボーイズ[*1]が湖をわたり、イギリスから砦を奪った。アメリカ合衆国の草創期においてすら、この砦は歴史的な価値をもち、保存すべきものと考えられていた。当初はニューヨーク州が所有していたが、ニューヨークの富裕な商家のものになるとミュージアムに姿を変え、最終的には連邦政府がひきとって国定歴史建造物とした[1]。

両親が兄とわたしを連れていってくれた頃、「タイ砦」は地元の観光客に人気の場所になっていた。この砦には、ロマン化されたアメリカ史の物語と地理的に美しい遺跡という要素があった。わたしは、公立小学校の歴史の授業でアメリカ独立革命について少し習っていた。しかし先生たちは、革命に先立つ「フレンチ・インディアン戦争」[*2]の暗い政治については教えなかった。一八世紀後半の二つの武力衝突においてネイティブ・アメリカンの各部族がくださなければならなかった厳しい戦略的計算についても、もちろん知識を与えてはくれなかった。

意外にも、幼少期に訪れたこの軍事砦と戦跡への旅で、もっとも鮮明におぼえているのは、砦のてっぺんからみた美しい湖でも大砲でもなく、博物館内の展示——それも、とくに軍服——だ。わずかに虫食いのあとがありながら依然として赤い色をしたウール地のジャケットが、頭のないマネキンに着せられていた。アメリカの子どもならだれでも、「赤コート」を知っている。しかし、当時一〇歳だったわたしを驚かせたのは、その赤いジャケットをまとったイギリス人兵士たちの身長が低かったであろうことだ。軍の男たちの背の低さについて、わざわざ母に話しかけたかもしれない。自分とたいして変わらないようにみえたのだ。その日、表面的にはとくに軍事化されてはいるようにみえない、あることを学んだ。おなじ国民的／人種的「集団」に属すると思われる人びとの平均身長が、数世紀で劇的に変化する、ということだ。

当時のタイコンデロガ砦の復元や博物館が、戦闘の場面を再現したり血なまぐさい交戦を描いた絵を前面に押しだしたりしていなかったからだろうか。わたしは、この幼い旅の冒険を、暴力や痛み、あるいは喪失の感覚でおえることはなかった。戦勝気分は感じとったが、どちらかといえば曖昧なものだった。だからこそ、砦の印象はよりひそやかなものだったのかもしれない。もっともよくおぼえているのが、あの背の低い男性兵士の色あせた赤いジャケットだったのだ。

フェミニストになると、人はよく考えるようになる。当然、居心地が悪いこともある。女性と男性——そしてそのジェンダー化されたコミュニティ、職場、娯楽、政府——が軍事化されていく表向きの過程とひそやかな過程を研究しはじめると、わたしは自分の少女期の、さらに困ったことに、両親の結婚のダイナミクスについて考えざるをえなくなった。そして、あらたな視点で母の日記を読んだ。父が第二次世界大戦に従軍したことが二人の関係にどのような影響をもたらしたのか、あらためて考えた。こうして、アメリカ政府があのグローバル化された戦争を遂行するにあたって母に頼っていたのだ、ということに気づきはじめた。

これこそ、軍事化についてのフェミニスト研究者になるということだ。つまり、一方では大規模な軍事化構造と文化的傾向を明らかにすること。それと同時に、一見すると遠い、それらのシステムを維持している身近な場での共犯をも明らかにすること。

ここで共犯とは、制度の正統性、有効性、信頼性を、みずからの道徳やふるまいを通じて支持することを意味している。はっきりと口にだしたり、明らかな行動をとったりして支持するのではない。その意味で、共犯とは「隠れた支持」なのである。

共犯をおこなう行為者は、一見すると天真爛漫か無関係にみえる。だから、軍事化の過程における共犯はかなり気楽なものとして感じられるだろう。ただし、それはフェミニスト的意識と、より活発に考える好奇心をもつようになるまでのことだ。するとフェミニストの目でみれば、天真爛漫さや無関係といったカモフラージュは一瞬でとりはらわれる。すると、それまでの共犯を否定することは難しくなる。

こうして、遅ればせながら、自分の軍事化されたツーリズムの経験をふりかえるようになったわけだ。これは奇妙に聞こえるかもしれない。なんといってもわたしは、一九八〇年代初頭からずっと、ジェンダー化された軍事化を追究してきたのだから。しかしまさにそれが大事な点なのだろう。ジェンダー化された軍事化の過程はとてもみえにくく、多岐にわたっていて、その現場の多くは一見するととても平和だ。実際わたしのように、数十年も経ってようやく、個人的な経験にたいして居心地の悪いフェミニスト的な分析の光をあてるべきだと気がつくほどなのである。

幼少期に両親と訪れた「タイ砦」のことをふりかえって考えてみるまで、わたしはもっとわかりやすい軍事化されたツーリズムに注意をむけていた。戦時における男性兵士のツーリズムだ。この初期の研究は、ベトナム戦争の余波が残る一九八〇年代におこなった。当時わたしの注意をひいたのは、休暇中のアメリカの男性兵士がなにをしていたかということだった。まだフェミニスト的好奇心を育みはじめたばかりのわたしは、「休息と娯楽」をバンコクでとったアメリカの男性兵士を追跡しはじめた。彼らが快楽をもとめたことでいかにタイの売買春産業が活性化したか、明らかにしようとしたのである。性的な娯楽をもとめてやってきたアメリカの兵士たちにたいする、タイ政府当局の男性化された対応をみた。娯楽を提供するタイの女性たちについて考えた。ジェンダー化され軍事化されたツーリズムを分析した最初の場所がバンコクだったのだ。バンコクはニューヨーク州北部から遠く離れていた。そのダイナミクスは家族旅行からはかけ離れているようにみえて、わたしは、戦時の売春宿にいた男性兵士たちと湖畔の観光客むけの史跡を楽しむ市民たちとのつながりを考えてみようとすらしなかった。そのつながりを無視することで、自分自身の共犯を都合よく検証しないでいたわけだ。

軍事化されたツーリズムへのわたしの共犯は、青年期にもおよぶ。二〇世紀初頭にカリフォルニアで成人をむかえたわたしの母は根っからの「旅好き」で、ドライブが大好きだった。わたしたちは一緒に、(フォルクスワーゲンのビートルで)カナダを横断し、(フォルクスワーゲンのステーション・ワゴンで)アメリカ南西部を横断し、(小さなフィアットで)ローマからパリを旅した。けれど、わたしたちの車の旅のほとんどはアメリカの東海岸を行き来するものだった。母もわたしも、古い宿に泊まったり、史跡にたちよったりするのが大好きだった。大学院生だったある夏休み、わたしたちはペンシルヴェニア州の中心部を探索してみることにして、行き先のひとつとしてゲティスバーグを選んだ。

一九六〇年代中頃のことだ。まだ、今のように小説や再現劇、ハリウッド映画、ドキュメンタリー映画に南北戦争の記憶が浸透してはいなかった時代だ。奴隷制や奴隷制廃止運動を扱う、アフリカン・アメリカンたちの批判的歴史学がはじまったばかりだった。南北戦争における白人女性と黒人女性の経験(そして反奴隷制運動における彼女たちの貢献のあり方のちがい)にかんするフェミニスト歴史研究も、ようやく出版されはじめたところだった。それでも、「ゲティスバーグ」はすでにアメリカの集合的意識に定着していた。一八六四年にエイブラハム・リンカーン大統領が戦場でおこなった、兵士を追悼する感動的な演説[*3]のおかげもあって、「ゲティスバーグ」は戦争の悲哀を象徴するものとなっていた。

ゲティスバーグへの旅は、タイコンデロガ砦へ旅するのとは気持ちの面でかなりちがっていた。母もわたしもそれを感じていた。わたしたちはゲティスバーグ特有の雰囲気にひたった。北軍と南軍の男性兵士が一八六三年七月に激突したゆるやかな草原を横切りながら、厳かな気持ちになっていた。わずか三日のあいだに、五万一一一二人の兵士が死亡・負傷するかとらえられるか、あるいは行方不明になったのである[2]。

その戦場には数々の看板がたっていて、リー将軍が率いた兵士のいた場所やグラント将軍の部隊がいた場所、だれがいつ進軍し撤退したのかを示していた。けれど、母もわたしもそうした戦争の軌跡をたどろうとはしなかった。マシュー・ブレイディ*4が撮った粗い白黒の戦場写真をみたことがあったので、美しい緑豊かな草原のそこかしこに、かつて死した、あるいは死にゆく男たちが横たわっていたことは意識していた。母が歩きながら、戦時中に軍医をしていた父のことや、息子の戦死を嘆く母親たちのことを考えたかどうかはわからない[3]。母とわたしは生まれながらにして「北部の人間」、それも北部の白人だったが、「自分たちの側」が勝利した場にいるという感覚を口にだすことはまったくなかったと思う。

今わたしは、戦跡を訪れる一般観光客の経験がどのようにジェンダー化されているかを考えている。たとえば、いつの時代でも——むかしも今も——国立公園局の看板をひとつずつみて北軍と南軍の軍事作戦をたどってみようといいだすのは、女性よりも男性がずっと多いだろうか？　ゲティスバーグの戦跡にある大きなみやげ物屋で少年たちにいちばん人気のあるおみやげはなにか？　彼らの買うおみやげと、彼らの姉妹が買うおみやげには異なる傾向があるだろうか？　もしかすると少女たちは、看護師に志願してゲティスバーグへおもむいた女性たちについての本に、より惹かれるかもしれない。アフリカン・アメリカンの少年や少女はどうだろう？　今日の軍事化されたツーリズムのはたらきを完全に理解するためには、みずからがゲティスバーグをどのように経験したか、自分自身の感情や心惹かれるものについて関心をもたなければならない。それから、軍事化された場所を旅する客は、観光の際、子どもたちのジェンダーによって異なるしつけをおこなうはずだ。さまざまな国籍や人種の父親と母親が、家族で戦跡を訪れたときに息子や娘にどのような「教訓」を与えるか。それを考えるうえで、フェミニスト的好奇心は有効だろう。

悲哀と厳粛さ――どのようにしてそれらも軍事化されるのか、今考えている。はじめてゲティスバーグを訪れたのは、硝煙が消え、むごたらしい死体が片づけられて一世紀が経ったあとだった。当時は、みせかけばかり平和に満ちたかつての戦地を歩きながら、自分が感じる悲哀は非軍事化された感情だと考えていたかもしれない。しかし、そうだといえるのは、兵士として死んだ若者たちの方が他の死者たち――たとえばボートが水漏れして海で溺れ死んだ若い男性移民たち、あるいは暴力的な男性パートナーによるドメスティック・バイオレンスでひとりまたひとりと死んでいった中年女性たち――よりも感情移入に値する、という無意識の前提からその悲哀が生じたのではない場合だけだ。

広島を訪問したのは、母と一緒にゲティスバーグを訪れてから数十年後のことだった。それまでに、男らしさと女らしさの軍事化がとりうるさまざまな形式について何年も研究をしていた。だから、そうした問題への意識が高い状態で広島を訪れることができた。フェミニズムのおかげでより考えることができるようになり、より天真爛漫ではなくなっていた。休暇中の一般市民がいかにジェンダー化されるか、それもたいていの場合は家父長制的にジェンダー化されるかということ、あるいは人びとがどのように軍事化されうるのか、そしていかに軍事化を助長するのかということにあらためて気づき、わたしは用心深くなっていた。つまり広島を訪れる頃には、友人や同僚たちのおかげで、ジェンダー化された軍事主義への共犯に、より注意深くなっていたのである。

わたしは、お茶の水女子大学にゲストスピーカーとしてまねかれて日本を訪れていた。日本のフェミニストの友人たちに、新幹線で京都と広島へ行くつもりだと伝えると、忠告を受けた。二〇〇〇年代初頭、ジョージ・W・ブッシュ政権が、アメリカ主導のイラク戦争を手助けするために、かたちだけでもよいから自衛隊を派遣するよう、日本政府に猛烈な圧力をかけていた頃のことだ。何千もの日本人女性と男性が、たとえかたちばかりであれ、イラク戦争に軍事的にかかわるべきではないと訴えるため、路上にくりだしていた。

　日本のフェミニストの友人たちは、わたしを反戦デモに連れていってくれた。金曜の夜に、ネオンがまぶしい新宿の繁華街で東京ウィメン・イン・ブラックがおこなっていた反軍事主義のアクションにも。東京ウィメン・イン・ブラックに参加していたフェミニストのなかには、一九三〇年代と四〇年代の日本の軍事主義的「良妻」イデオロギーの果たした役割と、そのジェンダー化された戦時イデオロギーを内面化した多くの日本人女性たちの役割を表現しようとした人たちもいた。[*5] 今日の日本人女性たちが、あの悲惨な戦争は男性だけに責任があると考えてしまわないよう、注意を呼びかけるためだ。

　日本のフェミニストたちは、第二次大戦後の日本における平和への努力に逆行しようとする当時の政権に、みな警戒心を高めていた。とくに、日本軍「慰安婦」という性奴隷制度を否定しようとする試み、あるいは、厳密な意味での自衛をこえるような軍事行動には関与しないと定めた日本国憲法第九条を弱めようとするような試みにたいしてだ。[④] それには、日々の警戒が必要だった。

　第二次世界大戦を歴史としてどう記述するかは、日本的平和主義を守ろうとする人びとと、国際的な地位をとりもどすという名目で日本を再軍事化しようとする人びとのあいだでくりかえし争われてきた。今日、日本人のあいだのこの論争はかつてないほどに激化しているが、わたしが日本を訪れた二〇〇三年当時も激しいものだった。だから反軍事主義運動家の日本の友人たちは、わたしの広島への旅を軽く考えなかった。友人たちは、日本を再軍事化しようとする国内のナショナリストたちの試みに無意識に加担しないよう、警告してくれた。別のいい方をすると、友人たちは、観光客としておもむいた広島でわたしが軍事化のメッセージをとりこんでしまわないか心配していたのだ。つまり、日本は軍事侵略の加害者としてではなく戦時の被害者として記憶されるべきだ、というメッセージを。そういうわけで、新幹線で東京を出発したとき、わたしは前もって忠告を受けていたのだった。

広島の平和記念公園は、他の軍事化された観光地とおなじく、奇妙に静まりかえった場所だった。公園は、戦後の広島のにぎやかな商業中心地の端にあり、広島カープの本拠地である市民球場から歩いてすぐだった[5]。一九四五年八月、アメリカによる原爆投下の前夜まで、このエリアは家々や商店、会社、学校で混みあう市街地だった。公園のなかをめぐり、記念碑を読み、大きな平和の鐘を鳴らしながら、わたしは日本人フェミニストの友人たちの警告を心に留めておこうと努めた。しかしそれは難しいことだった。わたしはアメリカ人としてそこにいたのだ。小さな記念碑に刻まれた日本人の名前を、ひとつずつ、できるだけたくさん読んだ。ほとんどが一般市民で、この運命の日に学校にむかう途中だった子どもたちもたくさんいた。一九四五年にアメリカ政府がわたしたちの安全のためと称しておこなったことの非道さを理解することはわたしの責任であると感じた。

平和公園には、広島平和記念資料館がある[6]。この大きな資料館には二つの異なる棟があり、本館の展示は原爆投下前、投下時、投下直後の街の様子をみせるものが中心になっている。この本館では、日本人と外国人の観光客が、おそろしい兵器の使用がもたらした破壊や、想像を絶する苦痛を直視するよう展示がつくられている。それは生易しいことではない。ここには日本の帝国主義や、男性兵士の名誉と勇敢さへの賛美はない。平和記念館なのだから。それでもなお、人びとは、一般の日本人が被った苦しみに圧倒されながら建物をあとにすることになる。

ただし、資料館にはもうひとつ棟があり、こちらの方があたらしい。この棟は、東京のフェミニストの友人たちが口にした懸念を意識しているように思う。この東館の展示はさほど劇的なものではないし、感情的な反応をもたらすわけでもない。しかし、その展示は、明白に強い目的意識をもって設計されている。この新館は、第二次大戦時の広島海軍基地にかんする展示を中心とし、広島がたんなる「無辜《むこ》の民の街」ではなかったことを明らかにしている。そこは軍事化——ジェンダー化された軍事化——の場所だった。この新館が想定している訪問客は日本人、それもおそらく毎年団体で訪れる日本の学生たちだろうと感じた。

資料館の二つの棟は対話しているかのようだ。旧館はいう。「ここでわたしたちはひどく苦しんだ。この街に落とされた原爆は非人間的なものであり、二度と使われてはならない」。新館が応答する。「それは事実だ。けれども、非人間的な戦争は、わたしたち一人ひとりが軍事主義への共犯とむきあったときに、はじめてなくなるだろう」。

今日、広島とその記念施設を訪れる人はみな、そのツーリズムの歴史的文脈に注意をはらう必要がある。現在与党である自民党は、日本の国際的な影響力を高めるという名目で、その「平和憲法」、とくに有名な第九条を毀損するための断固たる努力を重ねている。そのようなときに、戦時記念施設を訪問しているのだ。二〇一六年の年末、日本の首相であり自民党総裁である安倍晋三がハワイの真珠湾の戦争記念館を訪問したことが広く報じられた。安倍はそこで軍事攻撃を二度としないと誓っていたのか、それとも、再軍事化というかたちで日本を正常化する下準備をしていたのか？　この問いは日本人のあいだでも議論されたが、彼らは同時に、そのどちらの意図もありうることをアメリカ人に気づかせようとしていた。日本のフェミニストたちはといえば、相変わらず警戒の姿勢をゆるめていない。彼女たちは、自国に今なお根強く残っている家父長制的な力が、再軍事化によっていかに強化されるかを一般市民に示すことで、最大限の努力をもって再軍事化の試みに抗しつづけている。わたしたちは、家父長制を衰退させるのに役立つ貴重なノウハウを、歴史的視点とするどい観察力を備えた日本のフェミニストたちから学ぶことができる。

今日、そしてこれから数年のうちに、南北戦争(一八六一―六五年)、第一次世界大戦(一九一四―一八年)、第二次世界大戦(一九三八―四五年)についていくつもの記念式典がおこなわれるはずだ。多くの国の観光推進者や旅行業界が、それらの記念式典を、金を落としてくれる旅行客を惹きつける機会とみている。たとえば、しばしば「トリニティ・サイト」と称されるニューメキシコ州のホワイトサンズ・ミサイル実験場は、アメリカ政府および戦時の科学者たちが一九四五年にはじめて原子爆弾の実験をおこなった場所として、旅行客の人気を呼んでいる。数週間後、その後継となる爆弾がボーイングB-29爆撃機のエノラ・ゲイ(パイロットの母親にちなんだ名だ)に搭載され、広島に投下されることとなった。トリニティ・サイトはタイコンデロガ砦とおなじく、連邦政府によって国定歴史建造物に指定され、旅行客に開放されている。第一回の実験から七〇周年となる二〇一五年四月、ボーイスカウトや学校の校外学習、家族連れを含めて五五三四人がトリニティにやってきた。(7) ヘテロセクシュアルの家族のなかで、ここを訪れてみようと提案したのは父親だろうか、母親だろうか? ガールスカウトのリーダーたちは、ボーイスカウトのリーダーたちとおなじくらい、トリニティを子どもの遠足の行き先として魅力的だと考えているだろうか?

大西洋をわたると、ロンドンの観光推進者たちが徒歩ツアーや博物館の特別展示を展開している。今なおつづく戦時空襲の歴史における、重大な出来事を記念するためだ。ドイツ空軍が五七夜連続でおこなったイギリスの都市への爆撃である。一九四〇年九月七日にはじまった大規模爆撃は、「ブリッツクリーク」、つまり「電撃戦」と呼ばれた。イギリス人は一般にこれを「ブリッツ」と呼ぶ。草の根の市民が経験したこの爆撃を記念した二〇一五年の行事の多くは、広島にあった静かで思索的な雰囲気とは遠くかけはなれたものだった。イベントのほとんどは、爆撃に耐えたイギリス人共同体の「勇敢な」精神をテーマとしていた。爆撃がさらけだした階級間の不平等を明らかにしようとするイギリスの批判的歴史家が増えているにもかかわらず。帝国戦争博物館の「配給ファッション」展、あるいは、エンターテインメント会社が企画した「本物そっくりの防空壕」のなかで「戦時の興奮」を味わえる「ブリッツパーティー」など、予定されたイベントのなかにはかなりお気楽なものもあった(8)。

こうして過去と現在の軍事化された観光地や、そこで旅行者に提供される体験について考えてみると、軍事化された想像力によってつくられた場所をたんに訪れるだけで観光客がかならず軍事化されると結論づけることはためらわれる。女性も男性も、少女も少年も、それぞれが自分の理解や動機、あるいは好みや情熱をたずさえて観光地に来ているのであり、軍事化された場所を訪れる人が自動的に軍事化に加担するわけではない。

そうであるならば、戦地の記念化における資金提供者、管理人、キュレーター、ガイド、低賃金の従業員、あるいは展示物、景観、そして多様な観光客のあいだの複雑な相互作用を、時間的経過のなかで研究することが役立つだろう。そうした相互作用は、競合する男らしさと女らしさ——称賛に値するとされるもの、哀れみを受けるもの、蔑まれるもの——にかんする各行為者の理解によってほぼかたちづくられる。勇気、臆病、不安、恐怖、喪失、後悔、忍耐、苦難、受動性、攻撃性、身勝手さ、共感、興奮――軍事化された場所にはこれらがすべて織りこまれている。そして、これらの感情はジェンダー化されてもいる。ジェンダー化は、それぞれの場所がどのように軍事化されたかだけでなく、暴力がおわったあと、何世代にもわたってそこを訪れる旅行客にその場所がどう経験されるかにもかかわっている。

軍事化は、さまざまにジェンダー化されたかたちをとる。とても緑豊かで穏やかな場所で生きながらえ、ひっそりと、しかしたちまち花開くことさえある。

砦や戦跡、兵器、あるいは爆撃された建物がわたしのような観光客のために保存されている場所では、フェミニスト的好奇心を発揮しなければならない。そのことを、わたしはこうして何年もかけて学んできた。

血なまぐさい戦闘の現場は、現代の観光客をひきよせてきた。ソンム、ガリポリ、サラエヴォ、ベルファスト、真珠湾、アルジェ、エイブラハム平原、ホーチミン・ルート。すべてをのせたらリストは長大になるだろう。この長さ自体がまさに、過去の暴力の現場が、平和な娯楽をもとめる今日の旅行客にとって魅力的になりうることを示している。その変容の過程が、女らしさと男らしさについて、また、両者の不平等な関係性についての家父長制的理解を、世代をこえて持続させている。つまり、男性化された暴力のおこった場所を戦後ツーリズムの対象にするという家父長制的変容は、あらゆる種類の男らしい男性を正当とされる場所へ、さまざまな女らしい女性を社会的に認められた場所へと固定する役割を果たしている。同時に、戦場がこのように変容するなかで、男性は女性の庇護者として記憶されることになり、またその不可欠な補完物として、女性は勇気ある男性への感謝に満ちた追悼者として記憶されることになるだろう。持続可能な家父長制のさまざまな作用とおなじように、戦地が観光地へと変わる過程はとらえにくい。なにしろ観光地化した戦跡は、女性にとっても男性にとっても、抑圧や支配の場ではなく、感情を豊かにする場所として経験されるのだから。

戦跡だけが、家父長制的な考えや関係性の維持される場所なのではない。応接間、パブ、売春宿、役所の廊下、テレビ局のニュース編集室、ソフトウェア会社のオフィス、工場、株式市場、議会——その一つひとつが、戦跡とおなじくらい、家父長制を存続させようとする人びとにとっては有用だ。いずれの場所も、男性のすぐれているとされる知性、戦略的判断力、身体的勇猛さ、あるいは世知の豊かさについて、女性が男性を尊敬する(そしてつきしたがう)ことを学ぶ場所に変わりうる。しかし、だからこそ、そうした場所はフェミニストの抵抗の場にもなりうるのだ。家父長制的な考えと関係性が跋扈する場には、その衰退の可能性だってある。ただ、衰退をもたらすためには、こうした場所の一つひとつを、フェミニストの目であらためて観察しなければならない。

第五章　家父長制的忘却

――ガリポリ、ソンム、ハーグ

歴史というのはたんに「過去」のことではない。それは現在、そして未来のことだ。個人的な記憶や集合的な記憶のあり方が、今日の世界におけるわたしたち自身のイメージをかたちづくる。そしてそれは、明日わたしたちがどのように感じ、行動するかを左右する。なにが勇気とみなされ、なにが侮蔑されるに値するのか、だれのためにわたしたちは嘆き、その「わたしたち」というときのわたしたちとはだれなのか。これらはいずれも、わたしたちがなにをどのように記憶しようとするかによって、強化されたりゆるがされたりする。だからこそフェミニストたちは、なにが記念されるのか、そしてそれはどのようなやり方と担い手によるのかに、細心の注意をはらうのである。

こうした用心深さによって、今日のフェミニストたちは過去を検討しつづけている。だからこそ、フェミニストの図書館、フェミニストの文書館、フェミニストの博物館、そしてフェミニストの歴史家たちそれぞれが、家父長制に対抗するうえできわめて重要な位置を占めているのだ。公文書管理者、司書、キュレーター、そして歴史家たちは問いつづける――なにか見落としていないだろうか？　彼女たちは、幼い頃にわたしたちが重要ではないと教えられたもの、注意する価値がないとされたもの、当然記念する価値もないとされたものに疑問をもちつづけるようながしている。だれが記念パレードから除外されているだろう？　記念銘板《ブルー・プラーク》*1を掲げることが認められていないのはだれの家だろう？

二〇一四年から一八年にかけて、世の中は「大戦」——今では第一次世界大戦と呼んでいる戦争——を記念するムードにあふれていた。そのなかでトルコ、オーストラリア、ニュージーランドのフェミニストたちは、わたしたちがどのような行為者、教訓、遺産を見落とし、甚だしく誤解しているのか、気づかせようとしてきた。

ガリポリの戦いは一九一五年四月二五日にはじまった。火種となったのはイギリス王室海軍によるダーダネルス海峡の支配権と、それにともなうロシアへのアクセスだった。五カ月半の血なまぐさい戦いがつづいた。一世紀を経た今日でもなお、ゲティスバーグやノルマンディー、あるいはディエン・ビエン・フー*2とおなじように、「ガリポリ」の名はこの戦いに結びつけられている。重要な軍事的戦闘としてのみならず、集合的トラウマであり、人びとの意識を転換させたものとして何百万もの人びとの胸中にこのひとつの地名がたちあらわれる。

一方、トルコ、イギリス、ニュージーランド、オーストラリア以外の多くの人びとがそうであるように、わたしが悲惨なガリポリの戦いについてはじめて思いをめぐらせたのは戦闘から長い年月を経た一九八一年、長編オーストラリア映画『ガリポリ』をみたときのことだった。高い評価を受けたこの映画は、二〇世紀後半のオーストラリア映画制作におけるニュー・ウェーブの世界的な展開を示すものだった。映画制作者たちが描いたのは、大戦のなかで田舎出身のオーストラリア人男性たちがたどった物語だった。彼らは、愚かなイギリス軍の指揮官らによって、故郷から遠く離れた場所でほぼ確実に死ぬような状況に投げこまれたのだ。地図上にトルコを、ましてガリポリもみつけられないような多くのアメリカ人の観客にとっては、映画の場面も物語も目あたらしいものだった。他方で、オーストラリアやニュージーランドの人びとにとって一九八一年の映画は、彼らが学校で、あるいは祖父母や国の指導者から聞かされて育った話を語りなおすものだった。石頭のウィンストン・チャーチルとイギリス軍の将軍がいかに無慈悲に、植民地の若い男性たちを帝国の捨て駒としたのか。上陸拠点での敗北が、オーストラリア人のあいだにいかにナショナリスト的な意識を呼びおこしたか。そして、オーストラリアとニュージーランドの臣民からみて、イギリス帝国主義がその後いかに腐敗しきったものとなっていったか。

物語をどのように語り、語りなおすかが、家父長制を維持するか、それともゆるがそうとするかを決定する。今日わたしたちが過去の出来事をどのように記念するかが、家父長制にあらたな命を吹きこむか、あるいはその解体を手助けするかを左右する。歴史および「大文字の歴史」について、わたしたちは毎日のように個人的・集合的な選択をおこなっている。

映画におけるガリポリの物語、あるいはオーストラリアやイギリスの人びとの語りにおけるガリポリの物語は、ガリポリの崖のふもとにひろがる海岸からの視点で語られる。それは、愚かな指揮官と勇敢で罪のない男性兵士の男性化された物語だ。イギリス軍にとってこの敗北は屈辱的で、男らしさを失うような喪失だった。このヴァージョンの物語に女性が登場する場合、嘆き悲しむ母親、未亡人、あるいはガールフレンドといった役割になる。もしも彼女たちがオーストラリアやニュージーランドで嘆くなら、その嘆きを、使い捨てにされた「自国の」男性たちへの不正義にたいするナショナリスト的で反帝国主義的な怒りに変えるよううながされるだろう。

今日、ニュージーランドとオーストラリアでは、四月二五日のアンザック・デーは一世紀前の教訓

——軍事的敗北の廃墟からナショナル・プライドを救いだす必要があること——を思いおこす日となっている。だからこそ、ニュージーランドとオーストラリアの現代のフェミニスト平和運動家たちは、毎年意図的にアンザック・デーを選んで、国内の人びとに訴えかけている。国民文化を脱軍事化し、ナショナリズムを再考すること。そして、軍事化され男性化されたヒロイズムを避け、軍事化され女性化された犠牲を拒否すること。

しかしこれは、上陸拠点から語られる物語だ。もうひとつの公式の物語がどのように語られているかを考えてみなければならない。つい最近そう教えてくれたのはトルコのフェミニストたちだった。二〇〇三年、アイシェ・グル・アルトゥナイと四つの都市からあつまったトルコのフェミニストたちが、わたしを軍事化された場所に案内してくれた。いずれも、第一次世界大戦のさまざまな遺物と余波が、競合する(ただし不平等なかたちで)歴史的物語のなかに息づいていた。首都アンカラでは、フェミニストのイルクヌール・ユストゥンがむかえてくれた。彼女は、トルコ語でAnıtkabirと呼ばれるアタテュルク廟にわたしがとくに興味をもつだろうと考えたらしい。「近代トルコ国家の父」として功績を評価される軍人で、のちに「アタテュルク」の称号を与えられたムスタファ・ケマルをまつった場所だ。立派な建造物のなかでは、一九一五年から一六年のガリポリの戦いを描いた大規模ジオラマが目玉の展示になっていた。

ここでは、戦いの物語は上から語られる。ジオラマの製作者は、わたしたち観客を崖の頂上にたたせ、侵略してくるイギリス軍部隊と、沖合で威容を誇る艦隊とを見下ろせるようにしていた。物語は、弱体化していたオスマン帝国の軍隊による一九一六年一月の勝利についてだけのものではなかった。むしろこのジオラマは、ここガリポリの崖の上で、オスマン帝国にかわるあらたなトルコ共和国が誕生したことに観客が納得するよう設計されていた。それは、軍事的英雄から生まれた国家だ。ガリポリの英雄であるトルコ人指揮官ムスタファ・ケマルが体現するような、先見性のある指導力をもつ国家である。

ジオラマが展開する劇的な場面にいるのはほとんどが男性兵士だ。よく目をこらさなければ、壁画に描かれた女性をみつけられない。だが、女性たちはいる。戦闘準備を整えたトルコ人男性部隊へ食料を補給するため勇敢にはたらく、村の女性として描かれている。アタテュルク自身にとって、また彼の政治的後継者の男性たちにとって、オスマン帝国にかわる近代的なトルコ国家の誕生という物語に、たとえ周縁的だったとしても女性を含めておくことが重要だったということだろう。

今日のトルコのフェミニスト研究者たちによれば、おなじように、新興のトルコ共和国で早々に女性参政権を導入することは重要なことだった。もっとも、それには落とし穴があった。実のところ、衰亡していくオスマン帝国の末期、女性知識人たちは数十年にわたって女性の権利を提唱していた。それにもかかわらず、いざ女性の投票権が実現すると、ナショナリストたちはそれを第一次世界大戦の軍事的英雄アタテュルクによるトルコ人女性への贈り物であると語るようになったのだ。

ジェンダー化されたさまざまな「ガリポリ」の物語を検討することは、第一次世界大戦についてのフェミニスト分析が浮かびあがらせるいくつかの反家父長制的教訓を思いおこさせる。そのひとつは、あらゆる戦争は実際には複数の戦争から成りたっているということだ。戦後の語りのなかでは一部の戦いの「舞台」だけが脚光を浴びるかもしれないが、それがその戦争の全体像ではない。これは第一次世界大戦のみならず、クリミア戦争、アメリカ南北戦争、ボーア戦争、朝鮮戦争、一九八〇年から八八年のイラン・イラク戦争、そして現在のシリア内戦についても同様にあてはまることだ。この真実を受けとめるなら、いずれの戦争であれ、そのなかで相互に連関しているジェンダー化された遺物をすべて明らかにしたなどとは簡単に考えられなくなるはずだ。まずは、わたしたちが単純にひとつの包括的な名前で呼んでいる出来事のなかでおこなわれた小さな戦争の一つひとつにフェミニスト的好奇心をはたらかせ、徹底的に調査しなければならないだろう。

もうひとつ、「ガリポリ」を探究しているトルコやニュージーランド、オーストラリア、イギリスのフェミニストたちの話を聞くと、次の教訓を思いだす。戦争の物語の伝統的な語り手たちが、たいていは女性を物語のたんなる脇役に押しこめてしまうということだ。あるいは女性に光をあてることがあっても、それは特定の——家父長制的な——国家の建設や承認を支持する役割としてだ。戦争の探究をつづけるフェミニストたちはむしろ、人びとにこううながすだろう。「国家」が軍事化されたかたちでたちあらわれる際に、自分の母親や叔母や祖母が、しばしば相反するさまざまな役割を担ってきたのではないかと考えてみよう、と。こうした探究、そしてそれを通じてさまざまな経験や見解を明らかにすることは、国家を、現在描かれている姿より同質的でなく、一枚岩的でなく、そして本質的に家父長制的ではないものにする効果がある。それは正しい方向への一歩であり、複雑さへとむかう一歩である。

だからこそ今日、オーストラリアとニュージーランドのフェミニスト平和運動家たちは、ガリポリの物語の語られ方がもたらす家父長制的な影響をたんねんに調べつづけている。なぜなら、まさにその物語が、それぞれの社会におけるナショナリズムの政治の基礎となっているからだ。そうしたナショナリズムはいずれも、尊敬すべき男らしさと女らしさについての前提を織りこんでいる。おなじくトルコのフェミニスト思想家たちも、第一次世界大戦の一〇〇周年を記念する数々の祝賀のかたわらで熱心なはたらきかけをつづけている。動揺がつづくトルコの政治における家父長制や世俗的共和主義、軍事主義、近代性、民族性、宗教、そしてナショナリズムのからまりあった結び目をほどこうとしているのだ。それは、依然として政治的にも知的にもリスクのある試みだ。

さらに、「ガリポリ」とその影響について再検討することは、女性の参政権運動が第一次世界大戦とどのようにかかわっていたのかに細心の注意をはらうことを、わたしたちに思いおこさせる。それはより一般的には、女性の参政権運動が持続可能な軍事主義に今なおどう加担しうるのかに注意をはらうことでもある。

わたしは、具体的な参政権運動のダイナミクスをきちんと検討することなしに、第一次世界大戦中のさまざまな戦闘について信頼に足る分析をすることはできないと思っている。第一次世界大戦の終盤には、フランス、ドイツ、アイルランド、イギリス、アメリカ、トルコ、エジプト、中国などさまざまな社会で、女性が男性とおなじ条件で投票する権利をもつことが公に議論されていた。大戦の幕開けの時点ではすでに、ニュージーランド、オーストラリア、フィンランドの女性たちが、男性とおなじ条件で投票する権利を獲得していた。四年後、すべて男性からなる代表者たちがヴェルサイユで調印した講和条約のインクがまだ乾かぬうちに、デンマーク、モルドバ、スウェーデン、アイスランド、ロシア、ラトビア、リトアニア、エストニア、カナダの女性たちが国政の選挙権を手にいれた。ドイツとオーストリアの女性たちがそれを手にしたのは一年後のことだ。そして、たとえばフランスやイタリア、まだ完全に脱植民地化していなかったエジプトなど、依然として女性が投票を禁じられていた国々では、戦争のために女性がはらった犠牲や貢献の記憶が、選挙権を与えない男性への憤懣をよりいっそう激しくした。多様で複雑な参政権運動を正確に記憶しようとすること、それと同時に、戦時および軍事化された平時につづく、ジェンダーや人種にもとづいた投票の厳格な分離について探究すること。それは、第一次世界大戦中とおなじように問題をかかえた二一世紀の家父長制の持続可能性と脆弱性を理解することに関係している。

国際的なジェンダー化された歴史のなかの特定の段階という視点にたって第一次世界大戦を分析することもできるだろう。どの戦争についてもそれは可能だ。たとえば、普仏戦争――あるいは一九六〇年代のインドシナ戦争でも、一九九〇年代のユーゴスラビア紛争でも、二〇一一年にはじまったシリア内戦でも[*3]――が、女性と男性、女性と国家、女性のトランスナショナルな組織化、そして家父長制の現代化という関係性の歴史のなかの、どの時点で勃発したものかと問うこともできる。二〇世紀初頭のあの凄惨な戦争で主役となったほとんどの国々において、一九一四年には、女性と男性それぞれの政治的役割についての白熱した議論が公的生活を規定していた。

自分たちがなにを守るために戦争に行くのかについて、政府官僚や多様な一般市民の考えをかたちづくるのに中心的な役割を果たしたのは、参政権についての議論と参政権運動家たち、そして女性の参政権に強く反対して議論を煽る(男女からなる)論者たちだった。ソンムの泥だらけの塹壕で何千という男たちが死んでいったのはなんのためだったのか？　ソンムの前線近くで看護婦としてはたらいた女性たちが、湿気や寒さ、疲労を耐え忍びながら、塹壕から這い戻ってきた男性たちの手当てをしていたとき、一体なにを守るためにそれほど頑張っていたのか？　一方、参政権運動家たち自身も、戦時の挙国一致という理由から運動を見合わせることが道徳的に必要か、あるいは戦略的に賢いことなのか、それともそのいずれでもないのかをめぐって意見が割れていた。イギリスの参政権運動家のあいだの亀裂――よく知られているものでは、一方にエメリンと長女クリスタベルのパンクハースト親子[*5]、他方にエメリンの次女で平和主義的社会主義者のシルビアをおく対立[*6]――については、おそらくもっとも多くの記録がある。しかし、投票権の獲得のために身を捧げていたいくつかの国の女性たちは、第一次世界大戦のあいだ、自分たちの参政権運動を一時休止することがもたらす代償と利益を何度も計算しなければならなかった。たとえば、ヴァージニア・ウルフが女性の軍事化がもつリスクについて掘りさげたエッセイや物語を書きはじめた時期は、第二次世界大戦前夜とされることがある。しかし実際には、彼女がそれらを書いたのはその前の悲惨な大戦の直後、一九二一年という早い段階のことだった。

ハーグでおこなわれた素晴らしい国際女性会議の最中に撮られた白黒写真がある。一九一五年のことだ。写っている女性たちの多くは、カメラをまっすぐに見上げている。一階席に座っている者もいれば、上部のバルコニーに座っている者もいる。帽子をかぶっている者もいるし、そうでない者もいる。帽子をかぶったのは女らしさの体裁をたもつためだろうか。前方の演壇に座る女性は、手のこんだ帽子をかぶることに決めたようだった。アルメニア代表のルーシー・トゥマイアンである。[*7] 彼女は、まさにその日、オスマン・トルコがアルメニア人にたいしておこなっていたジェノサイド的暴力に関心をむけさせるため、アルメニア人女性の伝統的な衣装をまとっていた。第一次世界大戦はまさに凄惨をきわめていた。集った一一五〇人の女性たちがそれぞれの国からオランダにやってくるためには、創意工夫や献身、資金にくわえて相当な体力が必要だった。そして、出席者たちにむけられた性差別的な嘲笑に耐えるタフさも。彼女たちは、戦争を遂行する人びとから、よくてナイーブ、最悪だと裏切り者として扱われた。[*8] アメリカ人のジェーン・アダムズやオランダ人のアレッタ・ジェイコブスをはじめ、[*9] どうにかハーグにあつまってきた女性たちの多くは参政権運動家だった。彼女たちは、何年にもおよぶ運動と分析から、女性たちの政治的平等の実現をもっとも妨げているのは男性化された国家の軍事主義であり、また逆に、政治の男性化が軍事主義をうみだす主たる要因であると結論づけていた。

女性学以外では、第一次世界大戦にかんする研究はほとんど、一九一五年のハーグ国際女性会議について軽く触れる以上のことをしない。第一次世界大戦——およびそれにつづく数々の戦争——の研究者のほとんどは、戦時の女性たちのトランスナショナルな分析と平和運動に着目したところで戦争の原因や重要なダイナミクス、その影響について明らかになることはなにもないかのように、書いたり話したりする。しかしそうした研究者たちは、自分たちの暗黙の前提を確かめていない。こうした人びとは、その注意力の欠如によって、戦争にかんするさまざまな家父長制的な考えを強化している。たとえば、戦争は非ジェンダー化されているとか、仮にジェンダー化されていたとしても、多様な女性たちの思いがうみだした運動や競合しあう男らしさの作用によってごくわずかに影響されるにすぎない、といった考えだ。そうしたなかで、以下の一組の分析的問いにもっとも資源を投じてきたのはフェミニスト研究者たちだ。ある特定のかたちの男らしさを政治的に特権化すること——そしてほとんどのかたちの女らしさを軽視すること——が集合的暴力につながるのは、どのような条件においてか？　そして、それがおきるのは具体的にどのようにしてか？　この一組の問いを投げかけること——それらを追究し、発見をひろく共有すること——は、戦争を避けられないものとしないこと、英雄的なものにしないことに資するはずだ。それればかりでなく、特権化された男らしさの永続的な力を掘り崩すことにもなるだろう。

最後に、第一次世界大戦にはジェンダー化された余波があった。韓国と台湾における日本の植民地主義の浸透、エジプトにおける反植民地ナショナリズムの興隆、世俗主義的なトルコ共和国の確立、多民族からなる広大なソヴィエト連邦における共産党支配の確立、インド、インドネシア、カリブ海諸国における反植民地運動への動員のはじまり、多くのアメリカ人たちの国際的優越感の高まり、（アメリカをのぞく国々による）国際連盟の設立、脆弱だが可能性に満ちたワイマール共和国の誕生、膨大な数の敗戦国民におけるルサンチマンの鬱積。わたしたちはフェミニスト研究者たちの調査のおかげで、こうした第一次世界大戦後の展開がすべて男らしさと女らしさの政治によってかたちづくられたこと、またその政治は第一次世界大戦のジェンダー化されたダイナミクスにまでさかのぼることができることを知るようになった。

わたしたちはまた、砲撃がやみ、条約が結ばれたとしても、個々人にとっての戦争はおわらないことを知った。「退役軍人」――ほとんどの場合は男性の戦争退役軍人を意味する――は重要な政治的カテゴリーになる。一九二〇年代、現在でもそうであるように、政府関係者は男性退役軍人たちにたいして神経をとがらせていた。その一方で、心身に傷を負った兵士たちへの公的なケアは戦後まもなく縮小され、そのため戦後何年にもわたって女性化された配慮が要求されることになった。ケアを必要とする男性たちが帰還していったのはカナダ、アメリカ、イギリス、ドイツ、トルコ、ベルギー、フランス、ロシアだけではない。彼らはベトナム、インド、当時のローデシア、南アフリカ、そして、宗主国がヨーロッパで戦うための兵員を募った数多くのイギリスやフランスの植民地にも、帰っていった。戦争は教科書のなかでは「終結」を宣言されたかもしれないが、家庭内では男性にたいする女性たちの関係を規定しつづけた。家庭内では戦後の物語が語られ、同時に戦後の沈黙が強いられた。戦後の家庭では、戦争の傷を丸抱えする一方で、その傷が適切に対処されることはなかったのだ。第一次世界大戦後に女性同士の関係性や家庭内での女性と男性・少年との関係性を規定したものはなんであれ、政治にたいする女性の関係に影響を与えた。

明らかにしなければならない。記念パレードに参加するようまねかれるのはだれか。壁画に描かれるのはだれで、その絵のなかでなにをしているか。だれの苦闘と達成が国の祝日に値するとされるか。だれの受難ならば、学校の教科書にのるか。

フェミニストたちは、こうした問いを投げかけること――その答えを追究し、公にすること――を教えてくれる。わたしたちにできるのは、家父長制的な記憶とそれにたいする価値づけが特定の人びとの選択、影響力の行使、資金提供の結果であると、もっとはっきり示すことだ。これが政治的な第一歩だ。そのあとで、あらたな記念碑や祝日、教科書の改訂、あたらしい国歌の歌詞を要求できる。ロンドンでは最近、軍需工場ではたらいた女性たちを記念する像が建てられた。ボストンのコモンウェルス通りには因習を打ち崩した三人の女性をたたえる三つの銅像[*10]が設置され、カナダの国歌からは「息子たち」が削除された――これらはどれも、はじまりにすぎない。

第六章　スカートをさっとひきよせて

フェミニストにとって結婚は厄介なトピックでありつづけている。女性の権利を擁護する人びとのなかには、一見進歩的に制度改正されているようであっても結婚に慎重な人がいる。一方で、結婚の経済的、情緒的、法的な利益は、人種やセクシュアリティによって排除されているグループのメンバーにも与えられるべきだと考える人もいる。

結婚には家父長制的な制度としての歴史があるが、それにもかかわらず、もっとも熱心な家父長制的政策決定者たちにとっても困惑の源でありつづけてきた。一方で、彼らにとって結婚とは、女性たちの関係性――男性や子ども、財産、他の女性、そして国家との――を支配するうえで役にたつ道具だった。しかし他方で、家父長制の維持者たちは、結婚が、そのごたごたした生きられた現実のなかで、狭義の国民や国家への忠誠心をゆるがしかねないような態度をしばしば女性にも男性にももたらすことに気づいていた。

また、たいていは語られることのない、もうひとつの家父長制的不安がある。もし、妻である女性たちが政治的に団結し、国民や国家にたいし約束をちゃんと果たすよう要求してきたらどうするか？

しかし、こうして結婚が論じられ、利用されているにもかかわらず、「重大な」国際問題を解説する人びとが結婚のはたらきに思慮深い注意をむけることはほとんどない。結果的に、軍事主義者や軍隊、国際的な政策決定者たちが家父長制的婚姻に頼っていることを暴露する役割は、結婚について――制度としても、日々の生きられた経験の場としても――問うフェミニストたちにゆだねられてきた。軍事基地、海外派兵、あるいは地元での軍事作戦を支えるようなジェンダー化されたダイナミクスについてたんねんに調べてきたフェミニストたちのおかげで、わたしたちは「軍人の妻」への関心をいだくようになった。多くの国に、兵士と、それもほとんどの場合は男性兵士と結婚した、さまざまな人種、国籍、階級の女性たちがいる。彼女たちは真剣な調査に値する存在であると、フェミニストたちは主張する。

しかしこの問題に注意を喚起するにあたって、フェミニストたちはまず、ただの妻に興味をいだくことへの抵抗感を克服しなければならなかった。実際のところ、国際問題の解説者が、妻というもの以上に家父長制的矮小化をおこなう対象があるだろうか？

少し前に、わたしはノヴァスコシア州ハリファクスでおこなわれた会議に参加した。それは、ひとつの会議がおこなわれたあとに開催されたもうひとつの会議だった。公式の学術会議が一段落すると、地元の女性活動家のグループが大学にあつまった。

居心地のよい小さな部屋のソファに座り、マグカップの紅茶と皿に盛られた果物を囲んで、七人のハリファクスの女性たちの話に耳を傾けた。彼女たちは、国内随一の軍事化された街で展開されてきたあらゆるカナダ的装いの軍事主義を追跡し、公然と挑みつづけてきた年月について語った。ハリファクスの経済は、はじめはイギリス、そして現在はカナダの海軍による造船計画のサイクルにそって、二五〇年ものあいだ浮き沈みしてきた。ハリファクスは今日、依然としていくつかの軍事基地を擁している。

むかしからの活動家である女性たち数名が、自分たちの反軍事主義のとりくみについて話してくれた。アングロ・カナディアンのアイデンティティをもつ女性もいれば、ファースト・ネイション・カナディアンも、フレンチ・カナディアンもいた。彼女たちは、街の公立図書館に面する小さな公園でおこなった平和の祈りについて説明してくれた。[*1]

ここ数年、彼女たちは、スティーヴン・ハーパー元首相がアフガニスタンでのアメリカ主導の戦争を支持してカナダ軍を派遣したことに抗議してデモをおこなってきた。二〇〇六年から一五年までの保守党政権のあいだ、カナダ軍が国連主導の国際平和維持活動を優先することはなかった。かわりにこの一〇年のあいだ、カナダ軍兵士の国連用のブルー・ヘルメットはオリーブ色のヘッドギアにかえられた。ハーパー政権の見解に応じて、カナダ軍は「本物の軍隊」になる、つまり、戦闘にむけた配備をすることになったのだ。

これは、連邦政府の政策決定者が考える国家安全保障の優先順位に変化があったという以上のことを意味している。カナダ人の集合的な国家像の転換だ。国際平和維持活動よりも戦闘任務を優先するということは、カナダと世界との関係の中心的要素、つまり、もっと軍事化された南の隣国とカナダを区別してきたものを否定することを意味していた。ハリファクスで平和の祈りに参加した女性たちは、ハーパーがくわだてた物議をかもす政策転換への抵抗の一環として活動していた。

ハリファクスでの女性の祈りは、人通りの多い街中の路上でおこなわれた。たえまなく行きかう自動車にくわえて人の流れがあり、公立図書館にむかう人もいた。活動家たちは祈りの経験をふりかえりながら、軍人の妻たちの特徴的な反応を次々と思いだしていた。

ハリファクスは小さな街だ。地元の軍事基地の多くは男性兵士の家族に住まいを提供しているため、軍人の妻たちは一般人の格好をした市民であると同時に、祈りに参加した活動家の女性たちの多くにとって個人的な知りあいでもあった。ある活動家がこうふりかえった。「何人かの基地の女性が横を通りすぎながら、「あなたたちに賛成しているけど、他の人に知られるわけにはいかないの」とささやいていたのをおぼえています」。別の活動家がつけくわえた。「そうそう、でもなかには、わたしたちが祈っているそばを通りすぎるとき、スカートの裾をさっとひきよせた人たちもいました。まるで、わたしたちと物理的に接触したら汚れてしまうって恐れているみたいに」。

このささやかなハリファクスの平和の祈りは、注意深いフェミニスト研究者たちにとって格好の研究対象になったのではないかと思う。結婚の軍事化を調査するには、兵士の妻である一般人女性に着目する必要がある。彼女たちは、戦争遂行にあたっての利害関心と視点を兵士／水兵である夫とその指揮官からとりこんで、自分自身のものとしていく。その過程の各段階に細心の注意をはらわなければならない。また、ハリファクスの祈りの場でみられた些細なジェスチャーに注意をはらうこと――それを真剣に扱うこと――は、あらゆる国の軍事化推進者にとって、家父長制的なとりこみの過程をうまく進めることがたやすくはないかもしれないことを明らかにする好機にもなる。反軍事主義者の活動家たちに触れぬようスカートをひきよせた女性たちがいる一方、支持をこっそりと伝えた女性もいたのだから。

スカートをさっとひきよせること、支持しているとささやくこと――これらが、国際政治のしくみを説明しようとする専門家たちの解説に難なくくみいれられることはない。妻という役割でたまたま国際的な舞台にでてきた一般人女性のこうした小さなジェスチャーが、従来の首尾一貫した政治的語りに織りこまれることはとりわけ難しい。型にはまった専門家たちが示唆するように、カナダの外交政策における優先順位の変化に注意を戻すほうが無難だ。

国際政治の高度な理論化と、スカートをひきよせるしぐさに注意をむけること。潜在的には、どちらも国際政治についての理解を深めてくれるはずだ。理論の構築と小さなジェスチャーへむけられる注意はどちらも、国際関係がどのように、そしてなぜ、現状のように作動しているか、そこにどんな意味があるかを説明することを目指している。もちろん、前者から後者に単純に飛躍することはできないし、逆もまたしかりだ。スカートをひきよせるという所作に有益な意味を見出すには膨大な理論化が必要となるし、おなじように、ひとつの説明を信頼に足る理論のレベル、ましてや権威あるコメントにまで高めていくには、何度も慎重に注意をはらうことが必要になる。

政治学者としてわたしは、結婚は社会学者の扱うものだと教えられてきた。政治学者は、関心を公的領域にむけていた。わたしたちは、公的領域のパターンを解説するよう訓練され、説明のネタも、おなじ限定的な領域にあるものを使っていた。当然の結果として、婚姻関係は「家庭的」で、それゆえ「私的」だとされる領域のものとなった。このせまい枠組みでは、地元の女性と男性が日常を送るかたわらでおこなわれた地元女性たちの平和の祈りでさえ、「政治的」空間とみなされることはほとんどありえなかった。公的領域とされているものと私的領域とされているものとの二分法は、なにかを明らかにする以上になにかを隠している。おおよそ二〇年の歳月におよぶ研究、教育、そして聞きとりを経て、わたしはそのことに気づいた。

なにが注意をむけるに値するか、あるいはなにが説明されるべきかにかんする、この非現実的なまでにせまい枠組みは、家父長制を持続させている考え、構造、ダイナミクスを描きだすことをほぼ不可能にしてしまう。

メアリー・ウルストンクラフト、ジョセフィン・バトラー、エリザベス・キャディ・スタントン、フダ・アル・シャアラウィ[*2]、ヴァージニア・ウルフ、そしてシモーヌ・ド・ボーヴォワールといったフェミニストたちは、婚姻内や世帯内でつくりあげられ維持される権力関係が、国家、国民、文化的制度、経済、国際システムにおける家父長制的構造を支える主要な柱であると議論——理論化——した。彼女たちの主張によれば、家父長制的構造の恩恵を受ける人びとの多くはそのことを熟知している[(1)]。今でこそわたしたちが知っている(というより知らざるをえなかった)ように、これらの理論家たちの認識には、帝国主義、階級差別、人種差別などによる限界があった。それでもなお、彼女たちの生きた時代の読者や聴衆にとって、その洞察は家父長制の壁を打ち壊し、重たい扉をこじあけるものだった。家父長制の重い扉、それは二重の政治的フィクション——結婚と権力とは関係ない、また国家は自己保存のために男性による結婚の支配に依存していない——を維持させてきたものだ。

これらの思想家の政治的分析にはいくつかの根拠がある。とりわけ、家父長制から恩恵を受けている者たちが、人種的、経済的、民族的に多様な女性たちと、同様に多様な男性たちのあいだに特殊な関係性をつくりあげるべく並々ならぬ努力をしてきたことこそ、もっとも説得力ある根拠のひとつだろう。母親、娘、妻、姑、売春婦、主婦、賃金労働者と無償労働者、家政婦としての女性。父親、息子、夫、売春宿の主人、売春宿の客、姦通者、警察官、将軍、下士官兵、資産家、賃金労働者、議員、裁判官としての男性。

家父長制は、これらのジェンダー化された行為者のあいだで、綿密に設計されジェンダー化されたあやとりのような複雑な網の目がつくられ、維持されることに依存している。こうした関係性を形成している糸はちぎれることもあり、つねに強化しつづける必要がある。フェミニストではない不注意な政治学者たちが選挙を監視し、貿易協定の細則に目を走らせ、軍の作戦室の議論を盗み聞きしていたかたわらで、家父長制の行為者たちは、結婚、離婚、生殖、親権、セクシュアリティ、相続を管理し、みずからを利するための、人種化され階級化された手法を編みだしていたというわけだ。

家庭領域にかけられていたおおいをとりはらい、結婚の内側で生じている権力の作用を個人的なやりとり以上のもの、民話や小説、ゴシップ、スキャンダルの類以上のものとしてみるようわたしを後押ししてくれたのは、フェミニストの観察者たちだった。家庭領域のさまざまな場所——キッチン、寝室、庭、売春宿——に、国家官僚やナショナリスト、産業界のリーダー、軍隊指揮官、革命戦略家、そして選挙活動家のたえまない介入を見出せるようにしてくれたのは、フェミニスト思想家たちだった。キッチンや寝室、売春宿、庭が、突然、とても政治的に——そして濃密に——みえてきた。

こうした初期のフェミニスト思想家たちの文献は、大学の国際社会学や国際政治学の講義の文献リストにはほとんど入らない。もったいないことだと思う。そのかわりに彼女たちの文献は、非公式の女性読書グループだとか、あるいは、分野横断的な女性学・ジェンダー研究の講義を受講した学部生や院生たち——大部分は女性である——に読まれている。しかし、こうした書き手の仕事は国際問題から情報を得ており、事実、国際問題を解き明かすヒントとなる。書き手はみな、自分が分析している結婚のはたらきの国際的文脈に自覚的だった。どの書き手も、婚姻システムが家父長制を持続させるよう設計されていることについて考えを発展させた。どの書き手も、自分が明らかにした権力のダイナミクスが、国際問題の趨勢を決定づけるうえで重要な役割を担っていると考えた。

たとえばイギリスの思想家メアリー・ウルストンクラフトは、フランス革命を目撃するなかで、名高い男性の政治思想家たちがジェンダー化された前提をいだいていることに疑問をもち、『女性の権利の擁護』を執筆した。[2] 一七九二年のこの著作は、家庭的・社会的なしくみゆえに女性が政治的に周縁化され、依存を強制されている状況を細かく分析したものだった。ウルストンクラフトは、「アラブの春」の蜂起とその抑圧におけるジェンダー化されたダイナミクスを詳細に分析している現在のエジプトやシリア、チュニジアのフェミニスト思想家たちとおなじくらい、彼女の時代における国際感覚をもっていた。

ウルストンクラフトから六〇年後、イギリスの社会改革者であるジョセフィン・バトラーが、「ちゃんとした」結婚をした女性たちと売春に従事する女性たちの政治的地位をあえて比較してみせた。バトラー——二〇一六年にはイギリスで記念切手が発行された——は、地方に暮らす労働者階級の白人女性たちを支援するために、イギリス中産階級の白人既婚女性たちを動員しようとした。それは、性病法反対運動[*3]を率いるなかでの行動だった。バトラーに触発された活動家たちは、男性だけの議会がクリミア戦争後に制定した性病法をくつがえそうとした。この性病法は、地元当局が売春婦であると疑いをかけた貧しい女性たちをターゲットにするものだった。この法を支持する男性たちは、貧しい女性たちの性行為がイギリス軍兵士の健康を、ひいては帝国の安全保障を危険にさらすと主張した。しかし、二〇年にわたる運動を経て、バトラーらの性病法反対運動は勝利をおさめた。依然として男性のみで構成される議会が、少なくともイングランドにおいて法を撤廃したのだ。[3] これが国際政治だった。

おなじく一九世紀後半に執筆活動をおこなったアメリカの女性参政権理論家にエリザベス・キャディ・スタントンがいる。彼女は、国内で合法的な婚姻関係にある、主に白人の女性と男性について、その不平等な法的・経済的関係を分析した。彼女は、女性が市民として男性と対等になるうえで、家庭内の家父長制が障壁になると確信するようになった。スタントンは、既婚女性の財産所有の権利と離婚の権利をもとめる運動をはじめた。さらに、家父長制が女性の参政権の否定だけにもとづいているわけではないことを理論化した。家父長制は、妻としての女性の権利の否定にもとづいている。選挙制度と離婚法は、政治的に相互依存していると考えれば合点がゆくのだ。

戦略家であったスタントンは（スーザン・B・アンソニーとともに）、参政権運動の理論家や他の活動家たち――家庭内の不平等とさまざまな国家システムにおける不平等との因果関係を分析していた活動家たち――が築きあげていた国際的な連帯に気がついていた。だからこそアンソニーは、一八九〇年代におけるアメリカのフィリピンへの帝国主義的介入に抗議の声をあげたのだった。スタントン自身も、初期の国際的社会運動のあつまりのひとつに参加したことがきっかけで、女性の政治的権利のために活動するようになった。彼女は大西洋をわたって、一八四〇年のロンドン世界反奴隷制会議に参加した[4]。しかしそこで、主催者の男性たち、つまり社会正義に専心しているはずの男性たちが女性たちを周縁化しているのを目の当たりにした。大西洋をはさんだ奴隷貿易、奴隷労働のシステム、人種的イデオロギー、売春規制法、婚姻の制度と実践――時が経つにつれ、反奴隷制の女性運動家・思想家たちは、これら五つをより密接に関連させながら議論するようになった。

国際感覚をもったフェミニスト理論家たちのなかでももっとも革新的な表現方法をうみだしたのがヴァージニア・ウルフだ。彼女の『三ギニー』は丁寧に読まなければならない。第一次大戦直後、ウルフは戦争がもたらした影響について考えていた。しかしウルフが、戦争だけでなく軍事主義についてもその根底にある要因を調査しようと思いたったのは、一九三〇年代の緊迫のなかでのことだった。ウルフは、ある因果のダイナミクスが相互に強化しあっていることについて、辛辣な政治批評をおこなった。

それは、一方に家庭と「進歩的な職業」のなかでの女性の周縁化(彼女は、イギリス白人中産階級への懐疑を包み隠すことなく表明していた)、そして他方に戦争の男性化された大義をおいた因果のダイナミクスだった。

成功した小説家だったウルフは世界大戦をひとつくぐりぬけはしたものの、一九三〇年代中頃になると、あらたな大戦がおこるのではないかという不安をいだくようになった。彼女には、親しい男性の友人たちが『三ギニー』を嫌がるだろうことがわかっていた。ジョン・メイナード・ケインズやT・S・エリオット、リットン・ストレイチーといった善意の男友達と、なにも考えずに彼らに寄りかかる女性たちが、軍事化を強化するようなみずからの家父長制的共犯にわざと目をつむっていると感じていたからだ。[*4] ウルフはまた、多くの中産階級の女性たち——「教育を受けた男性の娘たち」——が、ウルフいうところの職業男性たちの「行列」に足を踏みいれようとしていることについても危機感をもって語った。山高帽をかぶり、閉じた傘を手にウォータールー橋をわたってさっそうとオフィスへむかう男性たちの姿を、彼女は描写した。ウォータールー橋は、イギリスの家父長制的な公的領域を示すウルフ流の表現だ。家庭領域からとびだし、ローブや制服を身にまとって権威的知識と市民としての声を主張しようとする女性たちは、ウルフにとって深刻な不安の種だったのである。

当然ながら、ヴァージニア・ウルフは女性化された結婚や家庭生活への回帰を唱えていたわけではない——それとはほど遠い。彼女の報告は、女性の経済的自立と同時に、女性の知的能力にたいしても、家庭生活が課す家父長制的束縛をはっきりと示すものだった。むしろウルフは問いかけていたのだ。家父長制的な女性化された家庭生活にたいする唯一の代替案が、家父長制的な男性的エリート主義——それは偏狭な愛国主義と合法化された暴力的軍事主義を維持させるものだ——なのかどうか、と。ウルフは、戦争の暗雲がたちこめるなか、イギリスの女性たちが男性とおなじ条件で投票権を獲得してからわずか一〇年後に、『三ギニー』を書いた。彼女は、結局は自分たちを蔑視しているシステムとの共犯関係に陥らないよう、女性たちに警告していたた。彼女独特の語り口で女性たちに呼びかけていたのである――行列にくわわろうと気をはやらせる前に、ローブを羽織って頭に山高帽をのせ勲章をつけている男性的な公的行列がどこにむかっているかを冷静に見定めるべきだ、と。

> どのような条件であの行列に加わりましょうか。何よりもまず、教育ある男性たちのあのような行列は、私たちをどこへ導いていくのでしょうか……しかし、あなたは考える時間がないと反論なさるでしょう。あなたには闘うべき戦いがあり、支払うべき家賃があり、組織すべきバザーもあるのです。マダム、そのような口実はあなたの役に立ちそうもありません。あなた自身の経験からご存知のように、そしてそれを証明する事実があるように、教育ある男性の娘たちはつねにその日暮らしの思考をしてきました。つまり〔男性のように〕、隔離されたコレッジの静かな隠れた場所にある勉強机の上の緑のスタンドの下で思考していたわけではないのです。彼女たちは鍋をかきまわしたり、揺り籠をゆすったりしている間に考えてきたのです……考えるのを絶対止めないようにしましょう――私たちがその中にいるこの『文明』とはどんなものなのでしょうか。これらの儀式は何なのでしょう、そしてなぜ私たちはその儀式に加わらなくてはならないのでしょうか。これらの職業とは何なのでしょうか、私たちはなぜ職業によってお金を獲得しなければならないのでしょうか。教育を受けた男性の息子たちの行列は、一言でいえば、私たちをいったいどこへ連れていくのでしょうか。[5]

『三ギニー』が戦後の作品であると同時に戦前の作品でもあるとするなら、シモーヌ・ド・ボーヴォワールによる政治理論の古典、一九四九年にフランスで刊行された『第二の性』は、政治理論における戦後の仕事として読むことができるだろう。ボーヴォワールは女らしさという社会的構築物を考古学的に発掘したが、これは第二次世界大戦とナチスによるパリ占領を経験するなかでうみだされた仕事だ。戦時下の経験によって、彼女は、親密で個人的な領域にはたらく政治的権力の探究へむかうことになった。その探究はまた、女性を受動性、弱さ、無責任という立場へと社会的に格下げすることについての分析でもあった。

このように、婚姻の政治のなかにある、一見すると些細な事柄がもつ国際的な意味あいに注意をむけること――それに真剣にむきあうこと――は、あたらしいことではない。現代の探究は、少なくとも一七九〇年代までさかのぼるフェミニスト政治理論にもとづいている。あたらしいのは、特定の軍事化された結婚についてフェミニスト研究者がおこなっている斬新で詳細な調査だ。研究者たちはとくに、軍事化された結婚を成立させる――そして維持する――ために、特定の時代と社会的状況に応じてどのような政治的権力が必要かを問うている。彼女たちはこの問いから派生するいくつかの議論も検討している。さまざまな軍事化された結婚をつづけることで、だれがどのような利益を得ているのか？　そして、軍事化された結婚を生きている、人種も国籍も階級も多様な女性市民たちの反応が複雑で、しばしば寡黙で、たいていは両義的であるのはどういうことか？[6]　研究者たちは、国際政治を構成する助けとなる「ありふれた不器用な言動」にたいする知的欲求を発展させてきた。[7]

たいていの軍事化された結婚において、軍事化された役割をいちばんはっきりと果たしているのは夫だ――下士官や士官としてのみならず、核兵器科学者、民間の軍事戦略家、軍需産業エンジニア、軍事予算拡張派の国会議員、国家安全保障の諜報員、民間軍事会社の社員、非国家武装組織の兵士、反体制派武装組織の資金提供者としても。そうした男性たちのほとんどは（異性愛の）結婚をしている、ないしはしたがっている。彼ら自身と同僚たちが考える男らしさとは、女性と性的な関係をもつことだけでなく、妻、それも忠実な妻をもつことに依存している。妻としての忠誠は、彼女が女性化された軍事化の特質を身につけていなければ信用できないものになるだろう。

男性たちはさまざまなかたちで軍事化されるが、その妻となる女性たちもまた軍事化される。それは、夫の志や価値観を喜んで受けいれたり、夫の軍事化された職業や努力を忠実に支える――少なくとも反対しない――パートナーとしてふるまう過剰なプレッシャーにしたがったりするような軍事化だ。そうしたプレッシャーは、夫と死別してからもつづくことがある。兵士である夫が戦争で亡くなると、政府高官はその妻に、哀悼すること、ただしあまり大仰にならないよう哀悼すること、喪失感をあらわすこと、ただし愛国心の域をこえぬように表現することを期待する。とくにイギリス、アメリカ、ロシアの軍隊は、軍人である夫を失った妻（そして母親）の哀しみが適切にあらわされ方向づけられるよう、綿密な組織的手続きと公式の式典をつくりあげてきた。[8] 夫を失った妻の憤りを制御できないことは、家父長制的な軍事化推進者に不安をひきおこすのである。

こうした婚姻関係についてもっと知るためには、沈黙、些細な脅し、非公式の褒美、ぶっきらぼうにみえるジェスチャー――拒否するようにスカートの裾をさっとひきよせる動作や、こっそりとささやかれる言葉も――にたいする分析的な注意力を育まなければならない。

フェミニスト・エスノグラファーたちは、この仕事にかんしてとりわけ経験を積んでいるようだ。緻密な観察によって明らかになるものがあると信じ、叙述的な描写に重きをおくからだろう。また、家庭という空間でおきていることの政治的意味あいと真剣にむきあっているからともいえるだろう。たとえば、アメリカとロシアの核兵器施設とその企業城下町にかんするエスノグラフィーの研究をみるといい。そこでは、ロシアとアメリカの軍事化された妻である一般人女性たちが、夫と政府の軍事任務を支える役割を果たすためにどれほどの見返りを与えられ、監視され、プレッシャーをかけられているかが明らかにされている。ジェンダーに関心をもつエスノグラフィーの書き手が示すように、家父長制的な婚姻による支えなくして核兵器施設は国家の軍事目的を果たすことはできないだろう。[9]

さまざまに軍事化された結婚のなかでももっともわかりやすいのは、一般人女性と国軍に所属する男性との結婚である。この女性たちは一般的に――かつ誤解をまねきかねないことに――「軍人の妻」と呼ばれる。誤解をまねきかねない、というのは、結婚している一般市民の女性としての実際の身分をこのいいまわしが否定するということだ。高等教育を受け職業上のキャリアもある、世才に長けた女性ですら、知識と技能を尊重されるひとりの職業人女性から軍人の妻へ変わるときにカルチャー・ショックを経験することがある。アメリカの法学教授および国防総省のコンサルタントで、二人の娘の母親でもあるローザ・ブルックスは、軍隊士官の男性と結婚したあとに感じた混乱を次のように語った。

陸軍の士官と結婚して、それがあたらしく義理の両親ができるにとどまらないことなのだと理解するようになりました――わたしは米陸軍の一部になったのです。入隊書類も委任状もありませんが、階級は決まっていました。「高官の配偶者」です……いくつかの点で、それは一九五〇年代に戻るかのようでした。フォート・カーソンでは……「配偶者」になることは多かれ少なかれ「妻」になることを意味していました……夫たちは終日、軍人としての仕事をこなしていました。しばしば夜の明けるずっと前にでかけ、ぐったりと疲れて帰宅します。士官の妻たちは子どもの世話をして、他の妻たちをお茶に呼び、ファミリー・レディネス・グループを運営しました。夫の司令官交代式典の際には花束を受けとり、バンコ[*5]で遊ぶ夜には上品に(あるいは下品に)酔っぱらうのでした。[10]

結婚の数カ月前までのローザ・ブルックスは、ドローンを使った戦闘行為の合法性をめぐる議論で、国防総省の高級官僚たちと積極的に論戦をくりひろげる役割を期待された専門家だった。それが今では、おなじ官僚組織のジェンダー化された視線のなかで「ただの」軍人の妻になったのである。彼女は、このあたらしい世界では政府の使命から遠ざかっていられる余地はほとんどないと気づいた。彼女がほどなく理解したように、「フォート・カーソンは番狂わせを許さないエリアだった」というわけだ。

アレクサンドラ・ハイドは、イギリス政府がアフガニスタンで戦争をしていた時期に男性兵士と結婚した一般人女性について、研究しようと考えた。そして二〇〇〇年代初頭、ドイツ内のイギリス陸軍基地に住む許可を得た。彼女は、女性たちが「軍人の妻」としての人生をどのように了解しているかを分析したいと思っていた。[11]

ハイドは、現在のイギリス軍上層部が、基地を「軍人家族に優しい」ものにしようとつねに方策を見直していることを発見した。本国にいる親戚や友人と離れて暮らし、夫の指揮官が課す重要事項に毎日おとなしくしたがい、夫がアフガニスタンに配属されれば子どもの世話をすべてひきうけなければならない——こうしたさまざまなストレスにもかかわらず、一般人女性たちが兵士である夫との関係を維持してくれるようにすることが、政府の目的だった。

しかし、ハイドはさらなる発見をした。女性たちは自分のことを、夫の指揮官や国防省のたんなる操り人形とは考えていなかったのである。ハイドがインタビューをした女性たちの多くは、意味のある選択をする十分な裁量が自分にあると思っている、と語った。たとえ司令部や、しばしば心ここにあらずの夫、そして基地にいる他の妻たちからの多重の期待によって行動範囲が制限されていたとしても。女性たちはまた、軍の階級構造における夫の地位が自身の日常にもたらす意味あいにも敏感だった。夫の昇級にあわせて、基地での妻の責任も重くなることが想定されているのである。

相互にエスカレートするさまざまな期待にさからうのがどれほど難しいことか。国防省の官僚や、制服組の夫の上官たちが直接プレッシャーを与える必要はない。階級に応じた期待を妻に課すのは、軍人である夫と、基地にいる他の軍人妻たちだ。妻としての期待にそうことが陸軍基地を円滑に機能させると考えられており、それはそのまま国家安全保障の問題とされているのである。

そうしたなかでも、一人ひとりの女性は個人的な選択をする隙をみつけようとしていた。ハイドは、夫が上級士官に昇進した、ジェーンという女性にインタビューをした。

ハイド　ステレオタイプ的な[上級士官の]妻にならないようにしようとしたことはありますか?

ジェーン　ありますね。自分に正直でいようと、できるかぎりのことをしました。自分にとっては家族が最優先でしたし……それまでの人たちがやっていたことでやらなかったこともいくつかありますよ(笑)。あたらしく来た人たちに植物を――歓迎の観葉植物のことだけど――さしあげにいくとか、お宅を訪問するとか。はじめはやろうとしたんですけれど……イヤだったのでやめてしまいました……だってそれってわたしらしくなかったし。だから、「ばかばかしい、もう知らない!」

と思って。
ハイド　［あなたの夫は］それを受けいれてくれました？
ジェーン　ええ、受けいれてくれました。ときどきわたしが「［他の軍人妻たちとの］朝のコーヒーに行きたくないな、もううんざりしちゃったし」なんていうと、彼は「ジェーン、とりあえず行くようにしてよ。とにかく顔をだせばいいからさ。頼むよ、僕が［この仕事に］ついているあいだだけだから」っていうんです……ある噂があって、妻のふるまいによってどこまで出世できるかが決まるっていうんです。本当かどうかわからないですけどね。でもそういう噂です⑫。

アフガニスタンでのアメリカ主導の軍事作戦に参加するために、イギリス政府はなにをしなければならなかったか――どうすればこれを明らかにできるだろうか。ひとつの方法は、だれがだれに歓迎の植物を届けているのかに、細心の注意をはらうことだ。だれとだれのあいだのジェンダー化された関係性にたいしてどの噂が影響力をもっているかを、真剣に考えなければいけない。その両方の意味あい――特定の女性と特定の男性にとって、そして特定の歴史的状況下にある軍部にとっての――を追究するのだ。

イギリス軍人と結婚したイギリス人女性たちは、受けた教育にふさわしいキャリアをあきらめなければならなかった。それでもほとんどの女性は、自分が役にたてる方法をみつけたと思うと語った。また、基地に暮らす女性たちの多くは、正確には部隊の一員ではないにもかかわらず、「部隊の家族」であることから情緒的な満足を得ているようだった。このイギリスの部隊（おそらくスコットランドを基盤とする）は、男性軍人をこえてその妻にまで拡大された集合的なプライドと帰属の感覚を、何世代にもわたって懸命に維持しようとしてきた。おそらくウルストンクラフト、バトラー、スタントン、ウルフ、そしてボーヴォワールは、この二一世紀イギリスの女性市民の話に困惑したことだろう。このイギリスの女性たちは、夫と等しい条件で投票する権利をもっている。しかし、イギリスの議会選挙で一票を投じる際に彼女たちがどれほどの自由を感じているかは定かではない。軍人の妻たちは、ウルフのいう男性化された「行列」にでてくるウォータールー橋をわたってはいない。軍事化にたいする彼女たちの共犯は、ローブを身にまとったり、戦歴の記章を誇らしげに身につけたり、というかたちをとらなかった。かわりに現代のこの女性たちは、妻として期待される女性化された補助的な役割をこなし、場外から夫を応援し、ケアをした。それでもなお、女性たちはこう考えていた。自分は軍人の妻の役割を演じなければならないことをよく検討した、と。そのメリットとデメリットを天秤にかけたのだ、と。基地の家族にもときには離婚があり、また女性たちは基本的には帰国を願っていたが、反逆はいっさいなかった。

ハイドが基地に滞在しはじめてすぐ、英国国防省はドイツ内の基地を閉鎖することにした。この決定は軍人の妻たちによる協働の結果ではなかったが、多くの女性たちは安堵をもって知らせをむかえた。しかし、たとえ基地がイギリスに戻ったとしても、婚姻の軍事化は維持されなければならない。それはひきつづき、公的な関心と政策行動をたえまなく要求するだろう。英国国防省の当局者は、アフガニスタン(あるいはイラクや北アイルランド)の配属先から戻った男性の妻に注意をむけざるをえない(かならずしもその声に応えるわけではないが)。元軍人の夫たちは市民生活に戻るのに苦労することになり、それは軍事計画者が耳をふさぎたくなるような精神的負担をしばしばともなうからだ。

だからこそ、二〇一七年、イギリス軍人の妻たちが世間にむけておこなった訴えは、よくて気まずく、最悪では苛立ちをひきおこすものとなった。イギリス政府が、おそろしい影響をもたらす戦時トラウマへの対応を、兵士の妻たちに任せきりにしていることにたいする訴えだ。[13]「わたしは「お茶を飲む?」と聞いただけだったのですが、彼はわたしの喉元に手をかけて床からもちあげ、片手でわたしの首を締めようとしたのです」。ニキータ・ダリソンは、トラウマを負った元軍人の夫がみる悪夢の標的になるというおそろしい経験を思いかえした。彼女の夫は最近、イギリス軍の伍長として従軍したアフガニスタンから帰ったばかりだった。「今まで、あんな目つきをした人に会ったことはありません——わたしだということが、彼にはまったくわかっていなかったのです」。

ニキータ・ダリソンは、夫が帰還してからというもの、心配をためこみながら多くのケアをひとりでおこなってきた。それが軍人の妻の仕事だった。それが、夫の指揮官が妻に期待していることだった。軍人あるいは元軍人の妻である女性たちが、妻として夫をケアすることは結婚契約の不可欠な一部だという家父長制的な信念を内面化する。あるいは軍事化された妻としての女性たちが、私的なケアや心配(ときには恐怖)に価値を与える家父長制的価値観にしたがう。こうした意識を維持させられているかぎり、戦争を遂行する政府は、戦争の実際のコストを過小評価することになるだろう。

しかしニキータ・ダリソンは、懸念と憤りをひとりでかかえこまないと決意した。彼女はイギリスのあたらしい女性組織、「PTSD撲滅エンジェルズ」にくわわった。夫が北アイルランドで従軍したことのある、スー・ボードマン゠マクナリーが二〇〇一年に設立した組織だ。政府の関心と資金をもとめるこの団体の公然たる要求は、よい妻としてのふるまいにかんする家父長制的な信念と価値観——それが、イギリス政府の軍事化された外交政策のコストを実際よりも少なく見積もらせてきた——をおびやかすものだった。[14]

ドイツ内のイギリス陸軍基地に居住し研究していたアレクサンドラ・ハイドが観察しインタビューし

た女性たちの大多数は、イギリス生まれの白人だった。しかし、基地に駐留するイギリス兵と結婚した女性たちは一様ではなかった。年齢、子どもの年齢と人数、あるいは夫の階級に応じた社会的地位といった点で、彼女たちは異なっていた。民族性にもちがいがあり、白人の多数派以外にも少数のフィジー人女性たちが軍人の妻として基地で暮らしていた。兵士としてイギリス部隊に勤めるフィジー人男性と結婚したことで基地で生活するようになった女性たちだ。ハイドは、フィジー人女性の大半が、部隊内の社会生活と慎重につくりあげられた文化によそよそしさを感じていることに気づいた。イギリス陸軍がアフガン戦争に参戦した二〇〇一年の後半、軍に占めるイギリス連邦出身の男性(と少数の女性)の数は増加していた。イギリス軍と民間軍事会社の採用担当者たちは、フィジー人の男らしさだと彼らが考えるものを評価している。彼らはフィジー系男性を、軍事化された部隊の優良入隊者とみなしているのだ。

最近亡くなったテレシア・テイワ[*6]は、フィジーの軍事化を支えるジェンダー化されたダイナミクスを研究していた。彼女は、軍人の妻としてのフィジー人女性たちは、目の前にある三つの選択肢のうちどれが自分の家族にとってよりよいものか、天秤にかけていると指摘した——つまり、夫がフィジー軍の兵士になる(国連平和維持活動で海外に派遣されれば追加手当を得る)か、イギリス陸軍の兵士になるか、急増しているグローバルな民間軍事会社で兵士になるか。フィジー人男性兵士と結婚したフィジー人女性は、結婚について現実的だ。彼女たちは、軍事化された選択肢が自分自身、夫、子どもにたいしてもつメリットとデメリットをくらべている。(15)

夫がイギリス陸軍に入隊している非イギリス人女性にとって、主たるデメリットは社会的孤立かもしれない。イギリス人研究者のヴロン・ウェアは、アフガン戦争中にイギリス陸軍に参加した連邦の国々

——ネパール、フィジー、ガーナ、ジャマイカ——出身の男性たちの生活と、彼らとともにイギリスにやってきた妻たちの生活を調査した[16]。女性たちの多くは、結婚についてはじめに考えたときには想像しなかった制約があることに気づいた。フィジー人軍人の妻であるカサは、夫とともにフィジーからイギリスへ移住した。彼女は、そのときに経験したカルチャー・ショックを次のように説明した。

ここでは、かわいそうな妻は子どもを学校に連れていって、あとは家で座っているだけです。仕事といったら介護施設のものばかり。それしかないのです。そのレベルよりずっと高い人たちなのに。実際のところ、ほとんどの妻は夫よりも学歴が高いんです。故郷でやっていたよい仕事をあきらめてきた人ばかりです——銀行や政府、航空会社などでの、高度な能力がもとめられる仕事を。それなのにここではなにもしていません[17]。

英国国防省の当局者は、一九九〇年代から、連邦諸国の男性を採用することは陸軍兵員の充足にあたって効率的な戦略だと判断してきた。しかし、その配偶者についてはあまり考えてこなかった。彼らは、女性たちはそれぞれ自分で事態に対処するだろうと考えていたのである。この放任は、国防の効率性原則の一環だった。フィジー人とネパール人の女性たちが軍人の妻としての生活に失望したことを公にしはじめたとき、彼らは不意をつかれたというわけだ。

国軍は、国内外における採用と駐留の方策をつねに見直している。どのような編成にする場合にも、明確に軍事化された婚姻の政治がもとめられる。国軍兵士と結婚した女性の存在価値は基本的に、彼女たちが国家の軍事戦略に適応したり、うまく対処したりするかぎりにおいてのものと考えられているのは明らかだ。ジェンダーにかかわる影響の分析は、当然ながら重要な研究であり政治的課題だ。しかし、フェミニスト的な理論化とはものごとの結果だけでなく、原因の追究にまでおよぶものである。ウルストンクラフト、バトラー、スタントン、そしてボーヴォワールは、権力のシステムの因果関係を駆動するものをたどることを教えてくれた。彼女たちは、権力がいかに、そしてなぜ現状のように作用するのか説明するには、家父長制のはたらきに真剣にむきあう必要があると主張した。権力のシステムは、特定の男らしさを特権化する一方ですべての女らしさを従属させる。わたしたちは、この驚くほど柔軟なシステムがいかにつくりあげられ、維持されるかを探究するために、知的なエネルギーを投じなければならない。彼女たちが発見したように、その探究には直線的な語りをしているだけでは不十分である。

したがって、いずれの国家の——あるいは国際的に動員、指揮される——軍隊についても、婚姻の政治にかんする長期的な分析をするには、駐留戦略の一つひとつに女性たちがいかに順応しているかを探究するだけでは十分ではない。兵士と結婚した女性たちが社会のなかのフェミニスト運動をどう考え、それとどうかかわっているかに関心をもつ必要がある。また、各国の軍事戦略家にも注意をむける必要がある。男性兵士たち(二〇〇〇年代初頭にはいずれの国軍でも、女性兵士はフルタイムの現役兵士の四分の一にさえ満たなかった)が結婚という男性化された欲望を満たせるようにすること。同時に、兵士の妻たちが軍の国家主義的な任務の邪魔にならないよう彼女たちを管理すること。戦略家たちは、それらを可能にするシステムを設計しつづけている。ただし、妻になる女性の多くが中等教育、あるいは大学教育さえ受けるようになり、賃金労働につくこと、離婚の選択肢をもつこと、市民権を完全に行使することの利益を理解するようになるにつれて、このシステムの維持は困難になってきている。

軍事基地を運営しているのは国家だけではない。現在、国連安全保障理事会は複数の軍事的な平和維持活動を認可しているが、それらはいずれも、各国に軍隊を提供し、国連の指揮のもとで海外任務につかせることをもとめている。国連の兵士は家族を帯同しない。国連の平和維持活動は、軍人の妻が自国で事実上シングルマザーとして生きることを受けいれるかどうかに依存しているのである。国連の「平和維持ファクトシート」によれば、二〇一五年八月時点で一六の国連平和維持活動があり、場所はシナイから南スーダンまでさまざまだ。これらの任務は九万八八九九人の制服組の兵士たち（および一万三三五〇人の警察官と一八〇六人の軍事監視員）によって遂行されていたが、大多数は経済的にあまり発展していない国々からの派遣だった。女性の権利を擁護する人びとは、もっと多くの女性を国連の平和維持活動にくわえるべきだと、国連にプレッシャーをかけている。しかし、国連による文書「平和維持活動における女性たち」によれば、二〇一四年には国連平和維持活動のすべての軍事職員のうち九七％が男性で、女性はわずか三％にすぎなかった。国連安全保障理事会の構成国の軍事的義務を現場で履行する男性の多くは結婚していた。兵士が家族を養い、その妻の協力を獲得するには、海外任務で得られる特別手当があれば十分だと考えられていたのである。

わたしたちは、こうした女性たち自身についても、なぜ彼女たちが国連平和維持活動のブルー・ヘルメットをかぶった夫の海外派遣を支えたのかということについても、情けないほどわかっていない。評論家がつくりあげてきた従来の語りは、「部隊派遣国」にのみ言及していた。それでは、平和維持活動にたずさわる男性兵士と妻との関係性や、その関係性に影響をおよぼすことで自国の部隊を平和維持活動に配備しようとする政府の努力を含む、因果関係のダイナミクスを調査することはできないし、ましてや説明などできない。平和維持活動に従事する男性兵士が派遣中に性暴力をおこす事例が明らかになるにつれ、婚姻のダイナミクスは単純になるどころか、いっそう複雑になっているはずだ。国際政治について信頼に足る分析をおこなうための技能には、さらなる洗練が必要だろう。

　軍事化された国際政治の時代にあって、いくつかの主要な軍事大国は国内外での駐留と配備の戦略を変えてきた。フランスの軍事計画者は、反テロリズムの名の下、仏語圏アフリカであるマリで自分たちの軍事作戦を拡大してきた。そこに自国最大の基地があるのだ。イギリス政府は国外の軍事基地を縮小させてきたが、軍事化された外交政策は縮小していない。中国政府の国家安全保障当局は南シナ海のサンゴ礁にあたらしい軍事施設を建設し、さらに南太平洋への軍事的進出も模索している。ウラジーミル・プーチンの政権下、ロシア軍はクリミアを力ずくで併合し、広大な海軍基地をセヴァストポリに確保した。同時に、シリア西岸のタルトゥース港にある海軍基地を再軍備化した。フランス、中国、そしてロシアのこうした軍事基地にたいする適切な理解は、人種化されジェンダー化され、そしてからまりあった婚姻と売買春の政治を研究してはじめてもたらされる。

　米軍は、世界でもっともグローバル化された基地のネットワークをもつ。アメリカ政府は複数の政府とあらたな駐留について交渉し、同時にあたらしい種類の軍事基地を設計してきた。基地建設にかんする研究者デイヴィッド・ヴァインが明らかにしたように、米国国防総省は二〇一五年には、トルコ、沖縄、韓国、ジブチ、ディエゴ・ガルシア島、コロンビア、バーレーン、ホンジュラス、オーストラリア、イラク、グアムで、本格装備の軍事基地を運営していた。同時に国防総省は、インフラの点ではより限定的で、社会的にはあまり目立たない「リリーパッド」あるいは「ライト・フットプリント[※7]」[18]の軍事基地をいくつも建設した——ケニア、ブルンジ、ウガンダ、リベリア、アルバ、そしてヨルダンに。これらの基地では、国防総省の設計者が家族用の住宅やサービスを縮小したり、完全に廃止したりしている。

その結果、各基地はますます男性化され軍事化された。それにともない、基地で配備・契約下にある男性と結婚して本国に残されている女性たちにたいして長期のシングルマザー状態を受けいれるようもとめる国家のプレッシャーもまた、必然的に増大することとなった。

二〇一六年、湾岸国家のジブチには、スペイン、フランス、アメリカの軍事基地があった。サウジアラビアと中国の軍人たちもまもなくやってくることになっていた。中国の国防当局は当時、自国初の海外軍事基地をジブチに建設しており、それはジブチにある米軍のレモニエ基地のすぐ近くになる。[19] ジブチにある、あるいは近いうちに建設される基地の大半で、はたらく人びとの圧倒的多数は男性だ。各国の海外基地はいずれも顕著に男性化されており、男性化された軍人と請負業者の両方がいる基地もある。ジブチではたらく制服組の男性と民間の軍事化された男性のうち、何割が結婚しているかは明らかではない。しかし結婚している場合、彼らの妻は本国に置き去りにされている。オランダのフェミニストのジャーナリストたちは、ジブチで身動きがとれなくなったソマリやスーダンの難民の少女や女性を搾取する売買春が蔓延していることを報じてきた。[20] 売買春、結婚、軍隊――フェミニストたちは、国際政治の実態を可視化するにあたって、これらが相互にもつ関係性にたえず目配りしなければならないことを学んできたのである。

デイヴィッド・ヴァインが説明するように、ロシア、フランス、イギリス、アメリカ、サウジアラビア、中国の海外軍事基地の設置方法は、家父長制的な仮定にのっとっている。それは、配備される男性兵士の大多数が、離婚の申し立てを心配することなく、妻子を何千マイルも離れた場所に何週間も何カ月も残すことができるという仮定である。[21] 国家が家父長制的な関係性に依存して国家安全保障原則をつくりあげ実行しているという指摘は、たんなる影響だけでなく、複雑にいりくんだ因果関係のことも意味している。実際、もし妻としての女性たちが十分な数をもって抵抗すれば、外交政策の戦略をまるごとくつがえすことも可能なのだ。

結婚している女性を管理しよう――そしてその意図にたいする女性たちの反応も管理しよう――とする軍事化推進者の企図は、国内外の軍事作戦を実行するうえで重要なものとなっている。そのため、こうした軍事作戦について信頼できる解説を提供しようとするなら、婚姻を維持させている政治そのものにたいして好奇心をはたらかせなければならない。

さまざまな文化的背景をもつフェミニストたちが、婚姻を、女性の生にたいする国家の管理の場とみなしてきたし、その状況は今も変わってはいない。また、フェミニストたちが明らかにしてきたように、婚姻は多くの男性にたいして物質的、性的、政治的に格別の特権を与えてきた。そしてそうすることで、女性の抑圧や貧困、家庭への囲いこみを助長してきた。さらに婚姻は、家庭化あるいは女性化されうるものはどれも劣っているという前提を社会全体で正当化する役割を果たすという点でも、フェミニストたちの批判を受けてきた。他方で、女性化された既婚者――「妻」――となった女性は、社会的地位、男性化された庇護、合法化された母性、間接的な経済的安定といった、家父長制的な社会が提供するいくらかの利益を得られるかもしれない。実際にはこれらの利益は不安定だったり、多大な個人的コストとひきかえに獲得されたりするものだということになるかもしれない。だからといって、これらの利益がとるに足りないというわけではない。宗教的な承認によって身分を保証され、ロマンティックな物語に優しく包みこまれるとき、女性にとって婚姻の利益は魅力的なものとなりうる。

そう考えると、結婚適齢期に達した娘が結婚していないことを多くの親たちが心配するのも無理はない。女性が「夫をみつけられない」女性をあわれむのはよくあることだ。ただし未婚の女性が自分の夫の愛情をめぐる敵とみなされる場合には、そのあわれみにいくらか疑いの色がくわわることにはなるのだが。

婚姻――そこから生じる利益、それにたいする願望、その不安定さ――は、女性たちのあいだの分断を深めてきた。家父長制の持続可能性は、多くの女性が他の女性を男性の愛情を競いあう敵とみなし、不信感をいだくことに依存している。民話、オペラ、小説、映画、テレビの連続ドラマの筋書きは、女性化された疑念と競いあいだらけだ。

婚姻による実生活の利益を考えれば、人種差別反対運動や同性愛の権利をもとめる活動家たちが「結婚の権利」を目標としてきたのは意外なことではない。異人種間結婚禁止法や同性愛嫌悪的な法にたいする挑戦は、刺激的な大義だった。二〇世紀中頃には、異なる人種の婚姻を禁止する法律をくつがえすために、多くの女性が男性の仲間にくわわった。おなじように二一世紀の初頭には、多くの異性愛者のフェミニストが、「婚姻の平等」を目指す運動を活気づけるためにLGBT活動家たちにくわわった。

それにもかかわらず一部のフェミニストは、同性婚をもとめる運動にたいして警鐘を鳴らしてきた。彼女たちは、ゲイやレズビアン、トランスジェンダーの仲間たちに、国家に管理された婚姻制度に本当に政治的重要性を与えるべきか、たちどまって考えてみるようもとめてきた。彼女たちを動かしたのは、婚姻が明らかに諸刃の剣であるからだった。[22] 同性婚の合法化は、国内の未婚の男女には認められていない年金、相続、親権、病院での面会の特権、税控除あるいはヘルスケアといったものに、何千ものLGBTの人びとがアクセスすることを可能にした。くわえて、国家が認める婚姻制度へのアクセスの拡大は、レズビアン、ゲイ男性、トランスジェンダーの人びとが、パートナーにたいする思いや愛情をおもてだって表現することも可能にした。同性カップルの婚姻がひとたび合法化されると、婚姻について忌憚なく批判してきたフェミニストのなかにさえ結婚する者があらわれた。二人の関係性を堂々と表現できるからというより、物質的な利益や保護へのアクセスを保証されるのは国家がその二人を結婚しているカップルと認めているかぎりにおいてだったからだ。

それでもなお、国家が保証する結合のシステム――婚姻――にたいする無批判の情熱は、フェミニストたちの努力をそこなう危険をはらんでいる。「家族」についての狭隘な考えをこじあけ、家族をより風通しのよい、包摂的なものにしようとする努力だ。そればかりでなく、国家が合法的に管理する婚姻の範囲を同性カップルにまで拡大することは、婚姻制度の外側で生をつむぐ人びとをいっそう周縁化してしまうだろう。

婚姻の政治にかんする広範な議論の中心に軍事化された結婚をおくのは不公平だと思われるかもしれない。なんといっても軍隊は、兵士だけでなくその結婚相手の女性や男性にたいしても桁外れの支配をおこなう能力をもつのだから。しかし、国家が管理する婚姻をつくりだしたのは軍隊ではない。合法的な婚姻の基本的なルールは、軍隊が設定したものではない。軍隊は、すでに利用可能な法的かつ文化的道具を利用しているだけだ。多様なかたちで軍事化された男女と結婚したさまざまな女性がいる。彼女たちの複雑な生活や、日常的な損得勘定を真剣に考えることで、すべての結婚、そしてあらゆる現代的なかたちで国家に管理された婚姻について、よりするどい問いを投じることができるはずだ。

家父長制をゆるがそうと各国で奮闘するフェミニストたちは、以下の重要な問いを投げかけつづけることをもとめている。どのような条件がそろったとき、国家に管理された婚姻は、真の解放の場としてよりも、更新された家父長制の場としての性格をもつようになるのか？　この問いは気まずいものになるかもしれない。しかし、それを問うこと——そしてその答えを探すこと——こそが、政治的行動となるのである。

第七章　フェミニストへのまがりくねった道

人は自分をかえりみるとき、ついあまくなりがちだ。自分を世界の中心において考えてしまうかもしれない。いつだってろくなことにならない。それに、まがりくねった旅路をふりかえって当惑することもある。なぜ自分は長いこと疑問をいだかなかったのか、あるいはひどく不注意だったのか。そしてあらたに好奇心をもつこともある。

ここで少しふりかえってみることにしよう。

「「エンロー」っていうのはどういう系統の名前なの?」と、大学のクラスメイトたちが口をそろえて尋ねた。新入生クラス全員の名字のナショナルな、あるいは民族的なルーツをたどるという課題で、わたしの名字が唯一の謎として残ったわけだ。わたしは家族のなかで受けつがれてきた話をした。父によれば、エンローというのはスコットランド系アイルランド人の名前らしい。クラスメイトたちは疑わしげな顔をした。ハギスやヘザー、ピート[*1]はともかく、「エンロー」を聞いたことがある人はいなかった。

エンロー家（実際には、スコットランド系アイルランド人、イングランド人、そしてオランダ人のミックス）は、せわしなく移動をくりかえす一族だったようだ。一六三〇年代、新世界にむかって海をわたった。一八四〇年代までにはその多くの子孫がミズーリとケンタッキーで農民になった。ヨーロッパ系アメリカ人が「フロンティア」と考える地域だ。若き日のナンシー・ハンクス[*2]が、エイブラハム・エンローという人物の所有する農場で労働者としてはたらいていたという物語さえある。話によれば、この男がエイブラハム・リンカーンの生物学的父になるらしい。インターネット上で活動するアマチュア歴史家の多くが、この話を信じている。

　エンロー家の歴史は曖昧だが、その物語はわたしが父を理解する助けになった。もちろん、家族史の役割のひとつはそういうところにある。その話は、父の落ちつきのなさ、つまり、彼が周縁部から体制の中心の方へ移動しようと奮闘してきたことを説明しているように思われた。この努力はしばしば彼自身のせいで台無しになってしまったのだけれど。アメリカ人だった父は大恐慌で貧困に陥り、ドイツで医学の学位を取得した。彼は中西部の出身だったが、ニューヨークで生きていくことを選んだ。第二次世界大戦では米陸軍の兵士をしていたが、ビルマでは、敵陣を背後から襲撃する空軍のゲリラ戦特殊部隊「チンディット」にくわわった。ミルト・カニフのアニメーション『テリーと海賊』[*3]で有名になった部隊だ(それにでてくる「お医者《ドック》」がわたしの父だ)。ロンドンでおこなわれたマウントバッテン卿の葬列パレードでアメリカのチンディット隊員を代表したときが、彼にとってもっとも誇らしい瞬間だった。

　歴史にかかわっているようにみえたのは、父とその家族だった。わたしが歴史のなかに母を見出したのは、ずっとあとになってからだった。『あなたもカーキ色になる?』というはじめてのフェミニスト的な本を書きだした一九八〇年代のはじめ頃のことだ。執筆にあたっては、父の物語を舞台袖に押しこめ、母の物語が舞台の中心を占められるようにする手立てをみつけなければならなかった。①アメリカの女性化された「銃後」を物語につけくわえ、分析の重点とするために、わたしは第二次世界大戦中に書かれた母の日記を読みなおすことからはじめた。

　わたしの母は、一九〇七年、ロサンゼルス近郊の丘陵地帯に位置するアルタデナに生まれた。生粋のカリフォルニアっ子だ。彼女は子ども時代のほとんどを、サンタ・バーバラの海岸を登ったあたりで過ごした。そこに、父親が購入したアップハムというホテルがあったのだ。父親の先祖はグッドリッジといい、一六三〇年代のイギリスが農業不況の時期にベリー・セント・エドマンズを離れた。一八六〇年代頃、その子孫の若きイーラ・コルビー・グッドリッジが、一〇代の少年兵士として連邦軍のニューヨーク北部連隊にくわわった。これがわたしの母の父なのだが、一度も戦地には送られなかったようだ。母側の家系には、何世代にもわたって伝えられる戦争の物語がないというわけだ。

　イーラはひとりめの妻を亡くしたあと、あらたな人生をはじめようと一八九〇年代のカリフォルニア移住の波にくわわった。独り身となっていた彼はフランセスと出会い、結婚することになった。ウェールズ系移民の娘であるフランセスは離婚しており、彼女もまたあらたな生活をもとめて西へと(ミネソタから)移住してきたのだった。カリフォルニアに移住する前の一八九八年、フランセスは若い女友達と母親とともにヨーロッパを旅し、自分たちが読んできた有名なイギリス人作家たち、ロバート・バーンズ[*4]やロバート・ルイス・スティーヴンソン[*5]の墓地を訪れた。母の死の一〇年後、わたしはフランセスの残したヨーロッパ旅行についての記録を、偶然みつけた。それは父の医学書のあいだにひっそりと眠っていたのである。

　イーラとフランセスの娘、それがわたしの母ハリエットだ。幼いハリエットが一二歳になる頃に母親ががんで亡くなり、父親はふたたび独り身になった。イーラは、ニューイングランドの若い女性に声をかけ、カリフォルニアへでてきてアップハム・ホテルではたらき、幼いハリエットの母がわりになってくれないかと誘った。その女性がリル・ホールデン、彼女もまた海軍軍人だった夫を亡くしていた。母に冒険心を与えたのはこのリル・ホールデンだったとわたしは考えている。一〇代のハリエットは、リルとともに馬に乗ってサンタ・バーバラの砂浜を駆けめぐった。愛車「ベッツィー」で沿岸を北上し、ミルズ・カレッジという女子大に入学することを娘に許したのはリルだった。わたしの母が一九三〇年代のはじめに遠洋定期船でヨーロッパへ旅したとき、リルが一緒だった。ハーバード大学系列の早期幼児教育の大学院プログラム——ラグルズのセツルメント運動[*6]でのボランティア活動を含むプログラム——に出願するよう母を後押ししたのも、リルだった。カリフォルニアに戻ったあとには、大恐慌のなか、母は初期のモンテッソーリ学校[*7]のひとつで教師の職を得ることになった。

二度目のヨーロッパ旅行のときに、ハリエットはハイデルベルクのとあるレストランの外で快活なアメリカ人医学生に出会った。コルテス・エンローとハリエット・グッドリッジはわずか六カ月の交際期間を経て結婚し、ヒトラーの台頭を緊迫感をもって見守りながら、三年間をドイツで過ごした。

母は、自分の人生を脚色するような人ではない。わたしがロング・アイランドのマンハセットで少女時代を過ごした一九四〇年代から五〇年代にかけて、彼女は郊外に暮らす一主婦として生きていた。母は、放射線治療を受けるがん患者を、フォードのステーション・ワゴンで送ってあげたりしていた。のちには、食事の宅配や、わたしが所属する女子ホッケーチームの試合のための送迎もした。ごくまれにではあったが、カリフォルニアの海岸沿いを「ベッツィー」で行ったり来たりしたことだとか、ミルズ・カレッジの火災訓練で窮地に陥ったことだとか、あるいはパリで何時間もエレベーターに閉じこめられたことだとか、おもしろい話を聞かせてくれた。よくあるアメリカの核家族の物語は事実というより神話なのだとわたしが考えられるようになったのは、むろん、のちにフェミニスト意識を身につけてからのことだった。理解が深まるなか、わたしは自分が書く文章で何度となく母の経験を明らかにしようとした(直近では、この本の第四章になっている、市民ツーリズムの軍事化についての短いエッセイがある)。

母の経験と真剣にむきあううちに、わたしは婚姻の軍事化について探究するようになっていった。フェミニストの歴史家がそれまで四〇年ものあいだ述べてきたことを、注視しはじめた。女性化された沈黙に注意をはらうこと。それも、抑圧による沈黙だけでなく、自分の経験は「重要」ではない——私的で、些細で、非政治的なものだ——という多くの女性の信念から生じる沈黙にも注意をはらうこと。戦争は男性がおこなうものであり、女性は戦時の状況になんとか「対処」するだけだ。対処するだけでは、刺激ある歴史の表舞台には似つかわしくない、と彼女たちは信じていた。

その一方で、わたしは父の遺したものにたいしても公平でいようと努めた。たとえば、グルカ兵にたいするわたしの関心が一〇歳にして呼びおこされたのは、第二次世界大戦期のビルマでの経験を父が伝えてくれたからだ。その勇敢でゆるぎのない忠誠心は、イギリス軍に入隊したネパール人男性兵士たちを象徴してきた。それから一七年後、クアラルンプールで学位論文のための調査をしていたとき、わたしははじめてグルカ兵を目にした。グルカ兵の一団が、熱帯地域の太陽の下、広場《パダン》の中心で教練をしていたのだ。隣にたっていた現地のイギリス人女性が感心して声をあげた。「この暑さのなかをウールの制服で行進するとは。なんて勇敢なんでしょう」と。グルカ兵について真剣に考えることで、植民地主義、ポスト植民地主義、軍事化された人種差別、そして軍事化された男らしさのいりくんだ歴史についても探究心をかきたてられるようになった[2]。そして、フェミニストになってからずっと、イギリス軍がグルカ兵の妻であるネパール人女性たちに依存していることを明らかにしようとしてきた[3]。

ロング・アイランドのマンハセットは、第二次世界大戦後に開発された典型的な郊外住宅地だった。通っていた公立学校では、自分たちの地域の歴史をいっさい教わらなかった。子どもながらにわたしたちはみな、マンハセットはインディアンの首長の名前だったのだろうと思っていた。マンハセット高校の運動部には「インディアンズ」という名がつけられていた。実際には、マンハセットはマティネコック族の言葉で「近隣の島」という意味だ。ベティ・フリーダンなら、マンハセットの生活を支えるジェンダー化されたダイナミクスに気づいたことだろう。彼女が『女らしさの神話〔邦題『新しい女性の創造』〕』で描きだした白人中産階級の女性たちの束縛は、ロング・アイランド湾の真向かいに位置する、マンハセットによく似たウェストチェスターという郊外に暮らす女性たちが経験したものだったのだ④。わたしの母も郊外に住む母の友人たちの多くも大卒だった。彼女たちはその能力を地元での無償のボランティア活動につぎこんだ。また、ロング・アイランド鉄道に乗ってニューヨークにおもむき、劇場やコンサートに足を運んだ。しかしだれひとりとして、朝の通勤列車で街へむかう者はいなかった。それは、夫たちを街の仕事場へ運んでいく、男性化された列車だった。平日の朝、母と友人たちは車で夫を駅まで送り、そこで下り列車を待った。それはクイーンズからマンハセットへ来る列車、中産階級の家々を掃除するためにやってくるアフリカン・アメリカンの女性たちをのせた女性化された列車だった。

母はベティ・スカッダーを駅までむかえに行っていたのだろう。わたしと弟は、彼女を「ベティ」と呼ぶようになっていた。彼女は母を「エンロー奥さま」と呼んでいた。郊外住宅開発業者のウィリアム・レヴィットは、鉄道王であるヴァンダービルト家の地所だったマンハセットの土地を購入すると、当時ニューヨークやジャクソン・ハイツ、ブルックリンからロング・アイランドへ移住してきた若い家族たちのために、一九四〇年代式の高級な郊外住宅を建てた。彼は、開発した地区のすべての通りにイギリス風の名前をつけた。わたしたちはアルダーショット通りに住んでおり、そばにはエセックス通り、サセックス通り、そしてチャペル通りがあった。レヴィットの郊外住宅には「家政婦の部屋」があった。それはキッチンからつづく部屋で、専用の浴室がついていた。ベティ・スカッダーはそこに泊まることはなかったが、毎週月・水・金曜にその部屋で服を着替えた。何年か経って、家事労働者としてフィリピンやスリランカ、メキシコから移住する女性たちの生活と政治についてたんねんに調査しはじめたとき、わたしはベティ・スカッダーのことを思いだしたのだった。

一九六〇年代にあってもなお、マンハセットは人種的に分離されたニューヨークの郊外だった。黒人たちの小さなコミュニティは、スピニー・ヒルと呼ばれる近隣区域に限定されていた。近所にアフリカン・アメリカンの家族はいなかったし、小学校にも黒人のクラスメイトはひとりもいなかった。マンハセットの公立学校で人種的に統合されていたのは中学校と高校だけだった。だからわたしは、地元が人種的に分離されていることを中学生になるまで意識しなかった。気づいていたちがいは、カトリックとプロテスタント、それからユダヤ教徒のあいだのものだった。近所でいちばんの仲良しだったリッチー・ロスとアルフィー・ロスはカトリックで、二人は町の教区学校である聖メアリー校に通っていた。一九四〇年代から五〇年代にかけてのマンハセットでは、反ユダヤ主義もきわだっていた。ボートクラブが近くに三つあったが、そのうちの二つ、マンハセット・ベイ・ヨットクラブ(わたしの両親はここに所属していた)とポート・ワシントン・ヨットクラブには、白人のキリスト教徒しかいなかった。三つめのニッカーボッカー・ヨットクラブは、白人ユダヤ教徒専用だった。わたしが高校生だった一九五〇年代頃、ユダヤ系が数家族、近所に住んでいたが、彼らがユダヤ系だということはきまってひきあいにだされた。クリスマス・ページェント[*8]は、依然として公立小学校の年間行事のなかでいちばん重要なイベントだった。
両親は、新聞や雑誌を熱心に読む人たちだった。玄関先には毎朝、『ニューヨーク・タイムズ』と『ニューヨーク・ヘラルド・トリビューン』が届けられた。わたしは新聞の虫になった。『タイムズ』の紙面に線を引いたり、記事を切り抜いたりするわたしの習慣を、友人たちは今でもからかう。サブリナ・タヴァニーズやカルロッタ・ゴール、あるいはアリサ・ルービンといったジャーナリストたちがお気に入りだった。調査報告の数々をじっくりと読んだ。語られることのないいくつかの仮定がどのようにして集合的な「常識」になるか、知りたかった。だれがどの運命的な(一般的には「とるに足りない」と考えられている)決定をくだしているか、知りたかった。だからわたしは『タイムズ』の長い記事を読んだ。そうした記事では、(注意深い編集者たちのチェックを受けている)注意深いジャーナリストたちが、アメリカの地域警察の武装が軍事化されていること、あるいは、バングラデシュの縫製工場の従業員や、韓国系アメリカ人のネイルサロン従業員が搾取的な仕事場で危険にさらされていることを追っていた。⑤
いくつもの決定。なされた決定とその決定をくだした者を暴露することはフェミニストの仕事だと思う。そこで明らかになるのは、決定をおこなう特定の個人が自身や自分が仕える制度の利益を守ろうとしてとる行動の根底に、人種差別、階級間の不平等、そしてもちろん性差別が隠れていることである。それらは一般的に「伝統」や「自然」や「文化」として通用しているものだ。市民の信頼を維持するためには、あらゆる決定をくだした者にたいしてその選択――無視、否定、怠慢という選択も含まれる――の責任をとらせることが重要だと、わたしは確信するようになった。
一九五六年にわたしがコネチカット・カレッジに入学したとき、ヴァッサーはまだ女子大学だった。ダグラス、ペンブローク、そしてラドクリフなどのカレッジも、大規模な男性化された大学の一部でありながら、依然として独立した女子大学だった。コネチカット・カレッジに行くことを決めたのは、ミルズ・カレッジで過ごした日々について母の話を聞いていたこともあったと思う。それにわたしは、共学の公立高校にひろくみられた社会的なプレッシャーが、女子大学では少ないだろうと考えていた。

当時は女子大学であることの誇りがあったし、教授陣の多くは、それぞれの専門分野でアメリカ人女性としてはじめて博士号を取得した人びとだった。しかし一九五〇年代後半のコネチカット・カレッジでは学生たちに女性の歴史を教えることはなかったし、女性の著作を課題図書に指定することもほとんどなかった。ディリー先生の政治理論の授業でメアリー・ウルストンクラフトを読むことはなかったし、ノイエス先生の英語の授業でヴァージニア・ウルフを読むこともなかった。それに、ホルボーン先生の比較政治の授業でアメリカ、イギリス、フランスの女性参政権運動について探究することもなかった。彼女たちは、わたしたち女子学生とまちがいなく真剣にむきあってくれていた。ただ、当時にしては例外的なその学問的地位の達成は、女性を知的主体としても学問の主題としても真剣に扱わないことによるものだったのだろうか?

その一方で、この素晴らしい女性教授陣は、著名な女性たちを講演者としてまねいてくれた。アリス・ポール、エレノア・ルーズベルト、それからハンナ・アレント。この三人のうち二人は、次にアメリカ紙幣のデザインが変わるときに肖像が使われることになっている。とても恥ずかしいことだけれど、ポールの来訪もルーズベルトの来訪も、若く未熟だったわたしには強い印象を与えなかったと白状しなければならない。アリス・ポールの名前はまったく知らなかった。パンクハースト家のことも強制摂食のことも、女性党についても聞いたことがなかった。それから二〇年後、わたしは、学部生時代の無知にたいする遅ればせながらの埋めあわせとして、エジプト、ブラジル、イギリスの参政権運動についての文献を学生たちの課題図書にしはじめた。フェミニストの歴史家たちが女性参政権運動のトランスナショナルな歴史に目をひらかせてくれたのだ。学生時代のわたしは、ルーズベルトのことはもちろん知っていたけれど、嘲笑すべき戯画的な人物としてであって、フェミニストや社会改革家、あるいは国連にたいする重要な功労者としてではなかった。数十年後、ブランシュ・ウィーゼン・クックの心奪われるような伝記を読んで、コネチカット・カレッジの女性教授陣がＥＲ（エレノア・ルーズベルト）の来訪にどうしてあれほど興奮していたのか、ようやく理解したのだった。⑥

ハンナ・アレントは、『全体主義の起原』を出版してわずか数年後、冷戦まっただなかの時期に大学にやってきた。⑦アレントの思考はわたしの知的能力のはるか上をいくもので、話についていくのが大変だった。理解しようと必死で、猛烈にメモを書きちらした。まったくもってスリリングだった。数年後にバークレーでシェルドン・ウォーリン[*9]の政治理論の講義を受けたときに、アレントの著作を読む機会を得た。その頃――一九六〇年代中盤――は、アレントが『ニューヨーカー』や『ニューヨーク・レビュー・オブ・ブックス』に定期的に寄稿していた時期でもあった。それらを手にバークレーの喫茶店にでかけては、線を引きながら読んだものだ。アレントの論文をすべていれた黄ばみかけのファイルを、今でも手元に残してある。

大学が大好きだった――勉強、友情、合唱グループ、学生自治会、運動部。そのすべてに夢中だった。学部三年と四年のあいだの夏季休暇には、農務省で政府のインターンシップをした。アザレアとライラックの区別もつかないような郊外居住者にとっては、くらくらするような経験だった。ガーナ、トルコ、インドネシアから来た農業専門家の男性たちのグループで雑用係を務めることになったというのに、その国々についてなにも知らなかった。一九五〇年代後半、ワシントンはまだ人種的に分離された街だった。役所の人たちは、来訪中の農業専門家たちと食事に行かないようわたしに警告した。有色の男性たちと一緒にいる若い白人女性など、レストランからまちがいなく断られるからだ。グループの一員だったインドネシア人のゲラー・ウィラトマジャは漁業の専門家だった。その夏、わたしたちは友人になった。オランダの植民地支配にたいするインドネシアの独立革命について、わたしは耳にしたことがなかった。彼はそのことにがっかりしつつ、インドネシアの政治について教えてくれた。その努力はわたしに、後々までつづく影響をもたらすことになった。

一九六一年、カリフォルニア大学バークレー校に入学し、わたしは政治学者になった。ゲラー・ウィラトマジャから受けた刺激のおかげで、わたしは政治学とアジア研究を結びつけた。このくみあわせは、歴史、文化、アイデンティティ、文学、そして政治経済を研究しなければならないことを意味した。「政治」が選挙や武力紛争、国家安全保障、公共政策の領域にとどまることなど、現実的にはありえない。だからこそ、教育における民族政治《エスニック・ポリティクス》という一筋縄ではいかないテーマで学位論文を書くためにマレーシアで調査をおこなったとき、ゴムやスズの政治経済、イギリス植民地主義の遺物、そして民族的アイデンティティの複雑なはたらきを理解しなければならなかった。ところがわたしは、マレーシア人女性にたいするインタビューをひとつもおこなわなかったのだ。

政治の世界を理解するにあたって探究すべき事柄をひろくとらえていたことは、のちにフェミニズムに出会ったときに大きな助けとなった。従来の（家父長制的な）「政治」の定義はせまくて現実的でないというのが、もっとも深遠な――そして困惑をもたらす――フェミニスト的洞察のひとつだったからである。悪いことに、政治の世界を研究するのに必要なものにかんする従来の家父長制的考えは、権力――さまざまなかたちの権力――の隠蔽を手助けしてしまう。フェミニストたちがやろうとするのは、権力、それもあらゆる種類の権力のはたらきを、調査——そして暴露——することだ。

いや、先を急いでしまったようだ。一九六〇年代はじめのバークレーには、フェミニスト的洞察についての話はまったくなかった。政治学部に所属するテニュア・トラック(終身在職権のコース)の教授陣五〇人のうち、女性はただのひとりもおらず、自身の政治研究にジェンダー分析を導入している人もまったくいなかった。そして恥ずかしながら、わたしはそのことに気づいていなかった。これが、家父長制的制度が存続する際のひとつのやり方だ——その内側での生活を刺激的で挑戦に満ちていると感じさせ、ときに報われるような気持ちにさせること(サラ・シューマーとわたしは、女性の大学院生としてはじめて、政治学のティーチング・アシスタントのリーダーに選出された)。そうしていると、男性化の根深いはたらきにほとんど気づかなくなってしまうのである。

学問的な仕事には政治的責任をひきうけることがもとめられる。バークレーでの日々を過ごすあいだに、このことをわたしに気づかせる二つの出来事があった。ひとつめは一九六五年、フリースピーチ運動[*10]として知られるようになるものが突如発生したときのことだ。ある日の昼、わたしはキャンパスの片隅で簡素なブリッジ用テーブルをだして、学外のあたらしい朗読グループのチラシを配布していた。近くのテーブルにいたのは、マリオ・サビオという名の生物学専攻の大学院生だった。彼は、わたしたちに退去を命じた学部長の要求に抗った。その抵抗は、高等教育の意味、言論の自由という権利、そしてのちに学内に配置された市警察の存在について問う、全学規模の激烈な議論に火をつけた。わたしは学生ストライキにくわわった。そして政治学部の教授陣は、このフリースピーチ運動をめぐって深く分裂することとなった。

わたしは、バークレーのフリースピーチ運動関係の人づきあいからは距離をとっていた。当時はそれを説明する言葉をもちあわせていなかったが、運動がセックス化され、男性化されていると感じていたのだ。後々、世界中のナショナリズム運動や公民権運動、あるいは労働運動についてのフェミニスト研究を読むようになって、ようやく、当時の自分がいだいた直感的な距離感を理解するための概念を手にすることになった。

ベトナム戦争の激化は、学問的キャリアにともなう政治的責任を自覚するようになったバークレーでの二つめの出来事だった。アメリカ政府は東南アジアの専門家に積極的に近づこうとしていた。立場を表明しなければならない、とわたしは悟った。ベトナムでの武力紛争は、今なおつづくポストコロニアル・ナショナリズムのあらわれなのだろうか? あるいは中国における共産党の勝利の結果、またひとつの「ドミノ」が倒れただけなのだろうか? ナショナリズムと革命——これらをめぐって、政治的な白熱した学問的議論がかわされた。わたしが主として指導を仰いだひとりが、日本と中国の専門家であるチャルマーズ・ジョンソンだった。[*11] その当時、英語で執筆をおこなうベトナム研究者はほとんどいなかった。そのためわたしたちは、中国やフィリピン、インドネシアの政変から得られた知見を応用しようとした。しかしここでもまた、わたしたちのだれひとりとして、革命やナショナリズム運動に参加する女性、あるいはそれらの動きを推進するジェンダー化されたイデオロギーについて関心をもたなかった。そのことに気づいたのは、あとになってからだ。その後わたしは、女性の比較政治学についての講義を受けもつようになったときに、フランス、ロシア、中国の革命にかんするあらたなフェミニスト史を扱うことで若かりし頃の関心の欠落を埋めあわせようとした。それらの研究は、女性がもっていた革命的な思考、その貢献、そして、彼女たちが革命後にくりかえし失望したことを明らかにしていた。

こうしてわたしは、アジアと民族政治を研究領域とする比較政治学の専門家として、研究と教育のキャリアを開始した。植民地支配から抜けだそうとした何十もの国々が、独立した国民国家を建設し、さまざまなかたちの貧困を撲滅させるという困難な歩みを進めている頃だった。わたしはオハイオ州のマイアミ大学ではじめての教授職を得た。学部に所属する一五人の男性教員たちは、はじめてとなる女性の同僚をとても歓迎してくれた。マイアミ大学では、アジア政治の講義にくわえて、黒人の政治についての授業を導入する機会を得た。授業で話をしてもらうためにわたしが招聘したデイトンとシンシナティ出身の黒人官僚や運動指導者たちは——もうピンときたでしょう——いずれも男性だった。その後、バーバラ・スミス[*12]やビヴァリー・スミス[*13]、あるいはケイト・ルーシン[*14]といった黒人フェミニストたちが、アフリカン・アメリカンの女性たちが長きにわたってつづけてきた政治の理論化と組織化について目をひらかせてくれた。わたしは、オハイオでの自分の選択を思いかえした。そして、教育において革新的とされることをしようとする際、だれが「興味深い」かをめぐる家父長制的な前提を生き延びさせることがどれほどたやすいか、気づいたのだった[8]。

フルブライトの奨学金を使って、わたしはカリブ海をはさんだむこう側にあるガイアナ大学で教える機会を得た。学生はアフリカ系ガイアナ人とインド系ガイアナ人の男性公務員たちだった。彼らはおたがい気まずそうだった。講義は夜間に、ブッカー社の大規模な砂糖プランテーションに隣接する教室でおこなっていた。その年わたしは、砂糖とボーキサイトの民族政治を学ぶかたわら、インド系ガイアナ人家主の二人の子どもたちにクリケットの奥義を教えてもらった。日曜日の午後に三人でラジオを囲み、ＢＢＣ放送で流れる西インド諸島のクリケットチームの試合に耳を傾けるのが恒例だった。

ガイアナにいる最中に、ボストン近郊のクラーク大学での教授職を得た。この頃までに、わたしは幸運にも何冊かの本を刊行していた。どの著作も国家横断的な視野をもち、人種差別や自民族中心主義のはたらきを探究するものだった。しかし、いずれもジェンダー分析を欠き、女性の存在をみえなくさせていた。フェミニストになる前のこれらの本では、男性のジェンダーもまたみえなくなっていた。男性たちをたんに小作人や地主、あるいは反乱分子や政党指導者と扱ってしまっていたのだ。ただ、最終的にフェミニスト的好奇心を身につけ、教育や研究にとりいれるようになってからも、わたしは民族と人種については考えつづけた。アイデンティティ、差別、そしてエリートの考案する労働分業がもたらす複雑さをたんねんに調べていたおかげで、「女性」を同質なものとして扱ったり、女性たちが必然的にシスターフッドを形成するものだと考えたりせずにすんだ。多様な女性たちのあいだの連帯意識とは、つくりだされなければならないものであること――そしてくりかえしつくりなおされなければならないものであること――を、学んできたのだ。

クラーク大学での初年度、わたしは、創刊間もない雑誌『ミズ』と、ビリー・ジーン・キングの『ウィメンズ・スポーツ』誌の定期購読をはじめた。フェミニスト的な意識がついに芽吹きはじめたのだ。ただ、それを開花させてくれたのは学部の女子学生たちだった。一九七四年、十数人の女子学部生が、近くのマサチューセッツ大学で「女性学」と呼ばれるものがたちあげられたと聞きつけると、学部長を説きふせ、わたしたちひとにぎりの女性教授陣に昼食持参の集合をかけさせた。女子学生たちの話には説得力があった。三人の女性教授が、のちにクラーク大学の活気に満ちた女性学プログラムへ発展していく先駆けとなる講義――「アメリカ政治における女性」「女性作家によるフィクション」、そしてわたし自身の「女性の比較政治学」――をおこなうことに同意した。

わたしたちの熱気は伝播していった。すぐに他の教授たちも女性学の講義をたちあげはじめた。また、おなじくらいに重要だったのは、活気にあふれた女性学の教授グループをつくった——助成は受けられなかったが——ことだ。おなじウースター市にある他の六つの大学で関心をもった教授たちにもこのグループへの参加を呼びかけた。わたしは発足したばかりのアメリカ女性学会に入会し、『ソジャーナ』や『スペアリブ』、『トラブル・アンド・ストライフ』といった英米のフェミニスト学会誌を定期購読した。すぐに、マサチューセッツ州ケンブリッジにある有名なフェミニスト書店ニュー・ワーズの常連客にもなった。ロンドンに滞在したときには、イギリスのフェミニスト研究者と活動家たちが気前よくわたしの面倒をみてくれて、レズビアニズムと異性愛主義、ラディカル・フェミニズムや社会主義フェミニズムをめぐる彼女たちの激しい議論にわたしがかかわれるように心配りをしてくれた。わたしは、ベアトリクス・キャンベル、[*15] デール・スペンダー、[*16] サリー・アレクサンダー[*17]の議論を熱心に読み、また聞きいった。

しかしわたしの著作は、好奇心の拡大とは軌を一にしていなかった。ペンギン社が索引原稿の作業用に『エスニック・ソルジャーズ』のゲラを送ってきたとき、わたしは、さまざまな軍隊における人種主義と民族的ヒエラルキーについて述べたこの何百ページもの叙述のなかに、女性についての言及がないかと必死になって探した。あらたなフェミニスト意識のもとでは、索引の「W」の項目に「ワロン人」や「第一次世界大戦」「第二次世界大戦」しかないことに納得がいかなかった。そして、グルカ兵についての章と、当時のローデシアにおける白人主義的な軍隊についての章で、自分が(それと意図せず)「女性」に言及しているのをみつけたときには、フェミニストとして安堵の息をもらしたのだった。

女性学の理論と女性活動家の考察は、どの国でもたがいに影響を与えあっていた。運動が、女性学へのわたしの学問的なかかわりに大きな影響をもたらしたことがある。クラーク大学の同僚であるチリ人の人類学者ヒメナ・ブンスターが、ある日の午後にわたしの研究室を訪れたときのことだ。彼女は研究室のドアを閉め、学部長の男性による性的な脅迫について話しはじめた。ヒメナは、ピノチェト政権下のチリから追放された亡命者だった。それがなにを意味するかというと、アメリカの大学での彼女の地位はビザ次第だということだ。つまり、学部長が彼女の客員教授としての契約を終了すると決断すればビザは失効してしまうのだ。

それは一九七九年のことだった。ヒメナもわたしも、彼女の身におきていることを説明する概念をもちあわせていなかった。ニュー・ワーズ書店の友人たちの仲立ちで、何人かのボストン在住のフェミニストに会うことができた。彼女たちは、男性上司からの性的暴行に対処しようとする地元の工場労働者の女性たちを支援するグループを結成していた。グループはＡＡＳＣ（性的強制に対抗するための連帯）と名づけられていた。大学の職場でおこったことをヒメナに尋ね、注意深く話を聞くと、彼女たちはいった。「それはセクシュアル・ハラスメントですね」と。この二つの語のくみあわせを耳にするのは、それがはじめてだった。

それからの四年間は、このなじみのないかたちの権力濫用にアカデミアの内外でたちむかわなければならなかった。それは、左派／右派やタカ派／ハト派といったものさしにおさまらないかたちの暴力だった。色目を使うこととハラスメントとのちがいはなにか？　セクシュアル・ハラスメントは性についての問題ではなく権力についての問題なのか？　著名な左派の教授であってもそうした行為をするのか？　大学の理事（あるいは評議員や弁護士）がセクシュアル・ハラスメントにたいする女性の訴えを却下すると、彼ら自身もセクシュアル・ハラスメントを問われるのか？　このような問いを今日もよく聞く気がするとしたら、それは、家父長制的権力がいかに作用するか、そしてその権力を行使する人びとが責任逃れのためにどのようなごまかしをおこなうかについて、わたしたちが依然として理解しきれていないということだ。

一九八〇年代前半のこうした苦闘は、家庭、学会、大学、そして平和団体を分断した。疲弊すると同時に、高揚もした。ヒメナは、長きにわたる苦境を耐えぬき、サンティアゴに戻ると、チリの女性運動に積極的にかかわりはじめた。政権交代[*18]に際して重要な役割を担った運動だ。クラーク大学におけるセクシュアル・ハラスメント事件の詳細――ポスター、記事、裁判の趣意書、寄付の記録――は現在、アメリカ女性史関連の文献を専門とするハーバード大学シュレジンガー図書館におさめられており、すべての研究者が利用できるようになっている。

この歳月のなかで、概念をつくりだすことがどれほど重要かを学んだ。概念はみえないものをみえるようにし、そのなかで、人びとが否定か自責かの二者択一をこえて一歩先に踏みだすことを可能にする。そしてそれは、集合的な行動や実質的な変化をもうみだすはずだ。「デートレイプ」「ガラスの天井」「ドメスティック・バイオレンス」「ダブルデー[*19]」「貧困の女性化」「マンスプレイニング[*20]」「組織的な戦時レイプ」――わたしは、効果的な行動を可能にする的確な概念化の重要性だけでなく、理論的な理解を深めるにあたってフェミニスト活動家たちが果たす主要な役割についても、くりかえし認識させられている。

軍隊をこえて軍事主義を見据えるようわたしにうながしてくれたのも、ヒメナ・ブンスターだった。彼女が教えてくれたのは、多くの裕福な中産階級のチリ人女性が軍事主義的な信念を内面化した過程だった。女性たちは、社会主義者の大統領サルバドール・アジェンデが、自分たちの階級とジェンダー化された安全をおびやかしていると思いこんでいた。ヒメナは、男性軍人が女性の囚人を拷問する際に用いるいくつかのジェンダー化された前提——女性化された純潔や女性化された恥辱——について学術的研究をおこなった、最初の研究者のひとりだ(9)。ピノチェト政権が崩壊してまもなく、ヒメナはわたしをサンティアゴに招待した。彼女と彼女の妹は、軍事政権の拷問小屋に案内してくれた。それは中産階級のありふれた家々で、サンティアゴ周辺に点在していた。

一九八〇年代前半のおなじ時期には、何百ものイギリス人女性が、グリーナム・コモンにほど近い米軍の巡航ミサイル基地の外側で、女性平和キャンプを組織していた。イギリス特有のじめじめした冬のあいだ、女性運動家たちは野外のテントに寝泊まりしながら、母性と平和、運動と障がい、軍事主義と家父長制の関係性について議論をかわしていた。わたしは、彼女たちの書いたものはすべて読もうとした。そして、ヒメナとグリーナムの女性たちはわたしに確信させた。軍事主義を助長するミクロな過程を十全に説明するには、女らしさと男らしさについての考えを探究しなければならない。男性化された庇護と女性化された愛国主義という魅惑的な考えに抵抗する女性がいる一方で、それにひきこまれる女性もいる。それがどのようなしくみになっているかを、たどらなければならなかった。

売買春、結婚、レイプ。これらについて、コネチカット・カレッジやUCバークレーで教えられたことはなかった。わたしにとってはじめてとなるフェミニスト的な本を書くに際して、これらの一つひとつ——そしてその相互の関係性——を、チリ、ベトナム、中国、ニカラグア、日本、イギリス、そしてアメリカといったまったく異なる社会で探究する方法を練らなければならなかった。わたしは、キャスリーン・バリーとスーザン・ブラウンミラーによる、売買春と戦時レイプについての論争的なあたらしいフェミニスト社会史を読んだ(10)。マイナ・トラストラムは、クリミア戦争後にイギリス当局が男性兵士の結婚をめぐって混乱に陥ったこと(「軍の帝国主義的なくわだてにとって妻は望ましいものなのか?」という問いが提起された)について、新鮮な調査をおこなっていた。ジュディス・ワルコウィッツは、無権利状態におかれたイギリス人女性たちが一九世紀後半に展開した運動を分析していた。その運動は、イギリス政府が水兵の男性たちを性感染症から守ろうとしておこなった、港町の貧しい女性たちへの厳しい規制に抗するものだった。わたしはこれらをむさぼるように読んだ[11]。

『あなたもカーキ色になる?』(一九八三年)へと結実するさまざまな調査を通じてわたしが確信したのは、たとえ否定するのがつねであったとしても、男性の軍事戦略家は女性についておおいに考えていた——そして今も考えている——ということだ。彼らはなによりも女性たちについて心配している。女性たち——国籍、階級、民族、セクシュアリティ、年齢、人種の異なる女性たち——を、彼らがもとめる役割を果たすよううまく管理できるだろうか、と。すべての女性が協力的というわけではないのだから。

わたしは『カーキ色…』を母に捧げた。献辞部分のゲラ刷りをいれた郵便が母のもとに届いたのは、亡くなる前日のことだった。

その前著である『エスニック・ソルジャーズ』(一九八〇年)はイギリスのペンギン社からの刊行だった。『カーキ色…』は当初、イギリスの小さな左派出版社であるプルート社からだされた。このため、本のなかではイギリス人女性とアメリカ人女性の軍事化経験を意識的に比較したのだが、それにくわえて、グリーナム・コモンのイギリス人平和活動家たちが手にとることも想像していた——この本は彼女たちにとって説得力があるだろうか。『カーキ色…』は、わたしの著書ではじめて外国語——フィンランド語とスウェーデン語——に翻訳された本となった。その後、他の著作も翻訳されていった——韓国語、トルコ語、日本語、そしてもっとも最近ではフランス語に。このことは、アメリカ人であるために陥りがちな甚だしい視野狭窄を意識して乗りこえねばならないことを、たえずわたしに思いださせた。多様な読者、つまり、固有の経験と切迫した関心をもつ読者について、考えさせられた。アイシェ、レパ、仁淑《インスク》、レラ、るり、アルヴィ、アニカ[*21]は、これをどう読むだろうか、と。

数年前、わたしは、クルド人の女性活動家の小さなあつまりに参加していた。彼女たちはKAMERというフェミニスト・グループのメンバーで、トルコ南東部の要塞都市ディヤルバクルで、女性たちだけでレストランを経営していた。彼女たちはトルコ語版の『策略』(二〇〇〇年、トルコ語版は二〇〇三年刊)を手にしていた。女性の生活の軍事化について考えたこの本は、歴史家フィリッパ・レヴァインによる素晴らしい著作に影響を受けていた[12]。軍事化の力に抗うことの意味についてKAMERの女性運動家たちがもつ深い理解に、わたしは畏敬の念をいだいた。あるクルド人女性は、トルコ軍のために民間トラックを運転する夫の稼ぎに家族が依存していることにジレンマを感じると話してくれた。またある女性は、かつて国家に禁じられていた大切なクルド民謡を歌うときに深い誇らしさを感じると語りつつ、それでも、クルド文化を残すために暴力を用いることは拒否するといった。別の女性は、自分はクルド人コミュニティにおいてドメスティック・バイオレンスに終止符をうつために努力しているが、クルド人を貶めることのできるいいがかりをトルコ人ナショナリストにプレゼントするようなことはしたくないと語った。今日、トルコとシリアの国境で無秩序に拡大している戦争のことを考えるとき、あのクルド人フェミニストの女性たちがこのおわりのみえない紛争をどのように考えているか——そしてそのなかで行動する戦略をどのように練っているか——を、具体的に思い描こうと努めている。

数年前、『バナナとビーチと軍事基地』(二〇一四年)があたらしく改訂版として刊行された。この新版にむけた調査をするなかで、わたしは本当に多くを学んだ。バナナ・プランテーションの労働者と家事労働者をつなぐ革新的でトランスナショナルな女性の権利の主張について、そして、家父長制的な考えと実践を維持するために考えだされたあらたな構造や戦略についても。『バナナ…』は当初、イギリスの小さなフェミニスト出版社であるパンドラ社から、一九八九年に出版された。わたしはこの本で、国際政治の周縁でなんとか生き延びている女性たちの姿を描きたかった。彼女たちに当然むけられるべき注意をはらうことで、国際政治システムをかたちづくっているジェンダー化された権力のさまざまなかたちが明らかになる。それは、国外の軍事基地、ツーリズム産業、有名ブランドが製造する衣料品、そして茶やマンゴー、バナナのグローバルな貿易を促進するためにふるわれる権力だ。わたしは『バナナ…』を執筆するために、フェミニストの歴史家とフェミニストの人類学者の記述や、女性労働者の組織をつくった人たちの分析を参照した。

『バナナ…』の初版のゲラがイギリスで印刷業者の手にわたろうとしていたとき、カリフォルニア大学出版局がアメリカでの出版を企画することになった。読者が学術関係の人びとに限定されることを懸念し、わたしはこの話に乗り気ではなかった。しかし、大学出版局からの刊行は、大学の講義で採用されるにたる信用をこの本に与えたようだ。これはまったくの驚きだった。『バナナ…』はわたしの手を離れ、幅広い読者を獲得していったのである。カリフォルニア大学出版局のナオミ・シュナイダーは、パンドラ社との共同出版をもちかけてきた勇気ある編集者だった。その後ナオミとわたしは、さらに六冊の本を一緒に出版することになる。

『バナナとビーチと軍事基地』が最初に刊行されたのは、自分の考えていることを自分が生きる社会の外側の人びとに問うてみたい、と学生や教師たちが強く願っていた時期だった。一九七五年から八五年にかけての「国連女性の一〇年」と、そのあとにつづいた一九九五年の北京世界女性会議で生じた高揚、さらに、女性運動の国境をこえた支えあいにたいする認識の高まりが、グローバル化されたジェンダーへの好奇心を加熱させたのだ。

一九八六年に、ジョニ・シーガーが女性の世界地図帳をはじめて刊行した。それまでだれひとりとして、こうしたものをつくることはおろか、想像さえしなかった。『地図でみる世界の女性』は、鮮やかに色づけされた四〇もの地図からなる地図帳だった。それは、アメリカ、中国、ドイツの離婚率を比較したり、フランス、ポーランド、ナイジェリア、インドで賃金労働につく女性や土地所有権をもつ女性の割合をくらべたりするよう、読者を誘った。また、それらの国々で男女の識字率がいちじるしく不平等なのはどうしてか、読者の興味をかきたてもした。⑬この地図帳は、アメリカ人女性の生活を国際的な文脈のなかにはっきりと据えて示すことで、世界規模での問いかけを余儀なくさせた。地図帳はまた、データというものをめぐる家父長制的な政治を真剣に考えるよううながした。女性の生活の実態を露わにするようなデータを体系的にあつめようとした人がいただろうか？　ジョニ・シーガーは、その後の改訂版では、性的な人身売買の経路、戦地におけるレイプ、商業的な美人コンテスト、虐待を受けた女性のためのシェルター設置などにかんする世界の現実を、同様に鮮やかな色分けで明らかにした。⑭

同時に、男らしさと女らしさの複雑なはたらきを探究する講義やプログラムが世界中の大学で増えていった。ソウルの梨花女子大学、東京のお茶の水女子大学、西インド諸島大学、アイルランド国立大学ダブリン校、そしてコロンビア国立大学。これらの大学の学生や教授陣は、従来の学問的な区分に抗いながら、自分たちが拠ってたつことのできる文献をみつけだした。

『バナナ…』の想定外の歩みは、長いこと男性化されてきた学問領域である国際関係論（ＩＲ）におけるフェミニストのゆさぶりにも後押しされたものだった。アン・ティクナーによる『国際関係論とジェンダー』が一九九二年に出版され、国際政治にかんするあたらしいフェミニスト理論を明快に展開した。これが大きな反響を呼びおこした。それまでの一〇年のあいだに歴史学、文学研究、哲学、人類学、そして美術史をつくりかえてきたフェミニスト的な問いや洞察にたいして、IRにたずさわる執筆者や教育者たちがほとんど無関心なのはなぜか。それを話しあう小規模な会議が、早くも一九九〇年にウェルズリー大学でひらかれた。アン・ティクナーはこのあつまりの主要メンバーだった。こうした会議の開催、専門学会の改革、あらたなジャーナルや出版物の刊行が、IRの男性主義的な文化に重要な楔《くさび》を打ちこんだ[15]。しかし学問分野としては、IRのジェンダー意識はひかえめなままである。IRの課題図書リストにのっている女性執筆者の数を数えてみるか、あるいは、中東の紛争やプーチンの拡張主義、アメリカのドローン戦争についての解説で、なにが「専門知識」と認められているかをみるだけで、一目瞭然だ。

　このまがりくねった旅路において、教えることはつねにわたしの活動の中核にあった。教育と執筆――これらは対立するものではない。両者はたえまない対話のなかにある。たとえばイラクとアメリカの戦争をみるためにフェミニストの窓をあけようとして、わたしははじめにニモについて語った。自分の小さな美容室を守ろうとするバグダッドの女性だ。彼女は、その二年前にわたしが思いきって執筆をはじめた本のなかで、あの血なまぐさい戦争を解き明かす助けになってくれた（『ニモの戦争、エマの戦争』二〇一〇年）。ニモが教えてくれたのは、戦争の勃発前と、開戦後のはじめの数カ月、そして戦闘の激化のなかにあって女性の賃金労働がどうなるかを探究することだった。ジェンダー化された経済は、一発目の銃弾がはなたれたときにおわるわけではないのだ。

　わたしは、教育があらゆる場において生じるのだと気づくようになった――招待講演、（ペンシルヴェニアやラホール等での)スカイプを使った授業、それからワークショップにラジオのトークショー。それぞれの教育の場に、さまざまな知識が飛びかう。わたしは、教えるのとおなじくらいに学びを得ている。

二〇一六年一〇月には、コロンビアの女性権利団体ヒュマナスから招待を受け、ボゴタで講演をすることになった。この団体は、何十年にもおよぶ内戦でトラウマをかかえる女性たちを支援していた。くわえて、ハバナで協議をおこなっているコロンビア政府と反政府勢力の男性交渉者たちにたいして圧力をかけることもしている。女性への性暴力を「平和のために必要な犠牲」としてしまうことで、加害者が免責されることがないようにだ。[16] 空港からボゴタの中心部にむかうハイウェイのかたわらには、ガラス張りのあたらしい高層オフィスビルがたちならんでいる。内戦の終結を見越した採掘会社と銀行の拠点だ。ボゴタの都心部は繁栄しており、低賃金労働者を市街へ運ぶバスの群れが毎朝行き来している。低賃金労働者の多くは、清掃で生計をたてる女性たちだ。彼女たちは、アンデス山脈にひろがるスモッグよりも上の中腹部にじわじわと増える高級な新築マンションを清掃することで、生計をたてている。

わたしはこの講演をすることに不安をいだいていた。人種的に多様で階級によって階層化されたコロンビア人女性たちの戦時の経験を、ほとんど知らなかったからだ。基調講演を聞きにきた人びとのなかには、アフリカ系コロンビア人の女性、沿岸部からやってきた地域の活動家、山間部の農村地域から追放されて住まいを失った女性、それにくわえて、ボゴタとメデジンからやってきた人権活動家と研究者たちもいた。同時通訳のおかげで英語話者でない人びとも講演を理解することができたし、さらに重要なことに、講演につづいておこなわれた議論で自分の考えを述べることができた。

そこにいたコロンビア人女性たちが知りたがったのは、家父長制が和平プロセスに悪影響をおよぼすか、性暴力は戦後もつづきそうか、あるいは、依然として男性が「本当の」農業経営者だと思われている状況でどうすれば女性が土地の権利を取得できるか、といったことだった。わたしは、白熱したゼミに参加しているかのような感覚をおぼえた。

最近では、婦人国際自由平和連盟（WILPF）が企画したいくつかのあつまりにまねかれた。活力に満ちたWILPFの国際ディレクターであり国際弁護士でもあるイギリス人フェミニスト、マデレイン・リースが、ハーグ、ストックホルム、ジュネーヴ、ニューヨーク、そしてサラエヴォでのあつまりにわたしをまねいてくれたのである。わたしはもてる力をだしつくし、奮闘した。どうすればわたしの仕事、あるいは、戦争終結における厄介でジェンダー化された状況や「戦後」社会の軍事化されジェンダー化されたダイナミクスについて探究しているたくさんの研究者たちの仕事を、地元でそしてトランスナショナルに活動している勇敢なフェミニストたちにとって役立つものにできるだろうか？　わたしは、国連の複雑な機能や、トランスナショナルなフェミニストたちの継続的な努力——家父長制的なものの見方や制度的な優先順位、あるいは実践上のきまり事に挑戦しようとする努力——について学ばなければならなかった。安全保障理事会、国連事務総長室、あるいは国連の平和維持活動局の活動のなかに性差別を見出すことを、学ばなければならなかった。現在わたしが解こうとしているフェミニスト的な難問には次のようなものがある。平和維持活動に派遣された男性兵士たちが、自分たちが保護しなければいけない当の人びとに性的虐待をおこなうことについて、それはどうすることもできないのだと国連職員が主張することを許すものはなにか？　なぜヴァチカン代表団は、二〇一四年の武器貿易条約に「ジェンダーにもとづく暴力」という文言をいれることに激しく反発したのか？　それから、（本書の第二章で分析した）国際的な和平交渉、つまり、この先何十年にもわたって女性たちの生活をかたちづくることになる交渉に、市民社会運動家の女性たちが依然として不在である、という見過ごせない事実がある。なにが、「銃をもった男性だけが平和を構築できる」という神話を持続させているのだろうか？

フェミニストは頭を悩ませつづける。フェミニストは学びつづける。よい知らせがあるとすれば、それだろう。

第八章　ランチ・レディとワンダーウーマン、その他の抵抗

二〇一六年一一月一〇日、イギリス人女性たちははたらくのをやめた。というよりも、この日を境に労働に見合った賃金を支払われなくなった。さまざまなかたちで男女間の賃金の不平等がつづいているため、その年の一一月一〇日から一二月三一日まで、イギリス人女性は無償ではたらいていることになる、とフェミニスト経済学者たちが算定したのだ[1]。

賃金の平等は、ほとんどの国の女性運動でもっとも早くから掲げられてきた要求のひとつであり、第二波フェミニズムの中核にもあったものだ。女性が賃金労働をする権利は、ほとんどの参政権運動に含まれてきた要求だった。運動によって、あらたな法律やあたらしい賃金計算の方法ができ、改革がなされた。また、おそらくより重要なのは、女性労働者たちが公平性を期待するようになったことだ。しかし、実質的にはどの国でも、賃金の平等はいまだ完全には達成されていない。教育、政治、健康、経済という領域で一四四カ国の女性と男性の相対的格差をランキングにした二〇一六年のグローバル・ジェンダー・ギャップによれば、もっとも公正である第一位がアイスランド、一四四位はイエメンだった[2]。

これは、アイスランドが相対的に豊かでイエメンが甚だしく貧しい、という問題ではない。むしろアイスランドには、男女が良好な健康状態、教育、政治的影響力、経済的安寧を得る相対的に平等な機会があるということだ。戦禍に苛まれてきたイエメンではだれもが資源の不足に直面しているが、その不十分な資源へのアクセスにおいて男女のあいだに格差が生じているのである。おなじランキングでルワンダは五位、フィリピンは七位に位置し、一方、より豊かなベルギーは二四位、スペインは二九位だ。[3]つまり、家父長制はたんに豊かさや貧しさで説明できるものではない。特定のジェンダー化された信念、価値観、関係性を更新しつづけることで、家父長制は生き延びる。国が豊かになったからといって、あらゆるかたちの女らしさにたいして特定のかたちの男らしさを特権化する傾向が少なくなるとはかぎらない。

　二〇一六年時点の各国における男女の経済格差の状況を順位づけするにあたって、グローバル・ジェンダー・ギャップの調査者たちは、ジェンダー化された経済における五つの指標——賃金労働への参加、同種業務にたいする賃金の平等、勤労所得の額、管理職の男女比、専門職・技術職の男女比——を分析した。イギリスはぱっとしない二六位で、「同種業務にたいする賃金の平等」のみで測ると、ランクはさらに下の六六位となる。EUからの離脱によってイギリスの格差が拡大するかどうかはわからない。イギリス人のきまりの悪さを少しでも和らげるものがあるとすれば、アメリカが二〇一六年の経済領域のジェンダー・ギャップでさらに下の五三位だったということだろう。しかし、「同種業務にたいする賃金の平等」だけをとれば、アメリカはイギリスよりも上位になる。ただしこれも、トランプ政権が職場の公正におよぼした影響があらわれる前のものだ。[*1]

　賃金労働の男女間格差は、グローバル化された家父長制によってかたちづくられている——企業は、女性の労働力を少しでも安く確保できる場所をもとめて世界をくまなく探し、政府は、自国の女性が他国よりも「安い」とアピールすることで、利益の最大化をもとめる企業経営者を惹きつけようと競いあい、消費者たちは、商品生産国の労働者の生活を気にかけることなくいちばん安い商品を買いもとめる。

しかし今日、男女の稼ぎの格差を持続させている家父長制的な過程はグローバリゼーションだけではない。ローカルで、時に個人的な関係のなかにさえある家父長制によって、賃金の不平等は維持される。たとえば結婚についての考え方、スキルにかんする思いこみ、同僚たちのあいだのゼロサム的な思考、育児と介護にかかわる慣例、そして、だれの声が聞かれるのか、だれの考えが真剣に扱われるのか。それがどれほど根深いものであったとしても、グローバル化された資本主義の欠陥を批判するだけでは、家父長制の完全なはたらきを明らかにしたり、それに対処したりすることなど決してできないのである。

エバレットは、家父長制への抵抗拠点として注目されるような類の街ではなかった。

ボストンと聞くと、ほとんどの人がハーバード大学やマサチューセッツ工科大学、あるいはウェルズリー大学といった高等教育の名門校を思い浮かべるだろう。みんなのお気に入りであるメジャー・リーグのレッドソックスの本拠地、フェンウェイ・パークのような象徴的な場所も。さまざまな民族の客たちがカフェでラテを飲みながらアップル社のノートパソコンをみつめる姿を想像する。しかし、これらはボストンのいわゆる氷山の一角にすぎない。ロンドンやパリ、東京といった大都市圏とおなじように、ボストンも複数の地区や市町をかかえており、その一つひとつが特有の地域的特徴、グローバル化された歴史、そして現在進行形のジェンダー化されたダイナミクスをもっている④。

エバレットは、ミスティック川をはさんでボストン中心部の高層建築群を遠く望んでいる。この川は何十年にもわたって、化学薬品会社に汚染されてきた。エバレットは労働者階級の人びとが暮らす小さな街(人口四万人超)で、みずからの市政をもってはいるものの、大都市圏の趨勢に影響を受ける立場にある。街は発展し、住民は人種的・民族的にますます多様になっている。二〇一五年には人口の二一・五%がラテン系の人びとで、アフリカン・アメリカンおよび黒人(その大部分はアフリカ系カリブにルーツをもつ)はあわせて一八・九%を占めた。⑤

二〇一五年、エバレットにおける男女の年収の中央値レベルは、いずれもマサチューセッツ州や国のレベルより低かった。そのうえエバレットでは、収入に顕著なジェンダー・ギャップがあった。男性の年間所得の中央値が三万二三四三ドルだったのにたいし、女性の年間所得の中央値はわずか二万四五七六ドルだったのである。ここには一八%のジェンダー間格差がある。⑥この経済的不平等は、市内の全家庭のうち約三分の一(三〇・五%)が女性の世帯主であるという事実にてらすと、さらに注目すべきものとなる。マサチューセッツ州でもアメリカでも、全家庭における女性世帯主の割合は二〇%であり、エバレットの割合はそれよりも高いのだ。⑦

ドロシー・シモネッリは二〇年間、エバレットの公立学校で給仕係としてはたらいて収入を得ていた。地元のいい方だと、彼女は「ランチ・レディ」だった。⑧ドロシーもカフェテリアの同僚たちも、家父長制に挑むつもりなどなかった。校内ではたらく男性職員とのあいだに賃金の平等をもとめただけなのだ。給仕係はほとんどが女性だった。何世代にもわたって、校内のカフェテリアの仕事は女性化されてきた――だから「ランチ・レディ」なのである。この仕事は、女性が主におこなうがゆえに低賃金が妥当だと家父長制的な雇用主(とその投資者)たちが信じる類の仕事――保育士や介護士、ウェイトレス、縫製工、電子機器組立工、食品加工業、茶摘み、家政婦、看護師助手、秘書とならんで――だった。女性化された仕事にたいする低賃金の背景には、一組の家父長制的な価値観と信念がある。第一に、女性によっておこなわれることは、なんであれたいした価値がないということ。第二に、もし本当に価値のある仕事ならば、男性がやっているだろうということ。

エバレットのランチ・レディたちは、家族を扶養するのにみずからの仕事が頼みだったし、政治的組織化の経験もほとんどなかった。だから、ひろく共有されている家父長制的信念に挑むには勇気が必要だった。ただ一九八〇年代後半、ドロシー・シモネッリとエバレットの四〇人のランチ・レディたちは、ホテル・食品労働者組合の第二六支部に加入していた。彼女たちは、自分たちと学校の用務員の給料をくらべて気づいたちがいについて、たがいに話しはじめた。

政治化とは往々にして、くらべてみること――そしてみつかったちがいがなにによるものかを考えること――からはじまるものだ。よくある発見のひとつに、仕事の現実にそぐわない、雇用主の家父長制的な思いこみと方針がある。一九八〇年代には――そして現在もなお――多くの都市で、「学校の用務員」は男性化された職業だった。家父長制的な市の職員を含め、雇用主たちは、用務員の仕事は女性化されたカフェテリアの仕事よりも高い給料に値すると考えていた。子どもに昼食を用意して配膳するよりも高い技能を要するとされたのである。さらに、「男らしい」仕事をしているということで、用務員への給料は世帯主への財政的支援を意味するとされた。

前提とされたこのちがいは、日々の現実にたいするランチ・レディたちの理解にはそぐわなかった。その後の同一賃金訴訟においてランチ・レディの原告団代表を務めたマリリン・ジャンクシーは、裁判官たちにこう説明した。カフェテリアでの日常業務とは、「念いりに掃除をして、一〇ポンドもある丸太のような冷凍ハンバーガーや四〇ポンドものトマトのケースといった重たい物を運ぶことだ」と。ドロシー・シモネッリもふりかえって語った。「冗談なしに、帰宅してそのままテーブルで寝てしまうんです。そういう仕事でした……わたしたちは懸命にはたらいていました。もっとたくさん支払われてもよかったはずです」(9)。

市の公立学校の用務員としてはたらく男性の半分しか稼いでいないことを知ったエバレットのランチ・レディたちは、行動をおこすことにした。一九八九年、四一人のランチ・レディたちが、賃金の不公平は州の同一賃金法に違反しているとして、マサチューセッツの州立裁判所に訴訟をおこした。

結果は勝訴だった。下級裁判所の判事はランチ・レディたちに一〇〇万ドルの未払い賃金を認めた。しかし、のちに彼女たちは敗訴することになった。エバレットの教育委員会がマサチューセッツ州最高裁判所に上訴したのである。市の上訴が聞きいれられるまでにさらに一〇年を要した。一九九八年、最高裁判所の判事は四対三の僅差で、市当局を支持する判決をくだした。過半数である四人の判事が、カフェテリアの仕事と用務員の仕事は同一ではないため比較することはできず、それゆえ一九四五年の州法の同一賃金規定は適用されないと裁定したのだ。

しかし、敗訴は、家父長制にたいするこのローカルな抵抗の物語のおわりではなかった。順応性をもち現代化していく家父長制に効果的に挑むためには、並々ならぬスタミナ――それと長い時間――が必要だ。それにくわえて、あたらしい概念をつくったり、フェミニストの知見にもとづいて制度にジェンダー的な変容をおこしたりすることも必要となる。

まずは概念からいこう。マサチューセッツその他の州や連邦政府の議員たちが同一賃金法を成立させたとき、「同一労働同一賃金」は進歩的な響きをもっていたかもしれない。しかし、同一《イクオリティ》は「公平《エクイティ》」とおなじではない。実際のところ、同一という概念が順応性に長けた家父長制を動揺させることはなかったといえるだろう。たくさんの女性たちが、雇用主(そして学校や親)によって、女性化された仕事——労働者の大多数が女性であるような仕事——にふりわけられているからだ。家父長制的な仕事の水路づけによって、こうした仕事の価値や、その仕事に必要な技能は、ずっと軽視されつづけてきたのである。

「熟練労働者」として正式に分類されるのはだれか、そして、どの仕事が「熟練労働」かを定義できるのはだれか——これらは、あらゆる家父長制的な職場の構造を動かす二つの重要な歯車だ。この歯車は、家父長制的な考えという油をささずには、まわりつづけることができない。「女性が生来やっていること」をしているだけだとされることは、熟練していないと片づけられることである。しかし、技能は「生来」のものではない。それは訓練をつんで身につけるものであって、ジェンダー化された領域にくっついてくるようなものではない。女性労働者は、世界中のさまざまな産業で、「非熟練」労働者とみなされ、公平な賃金を認められてこなかった。

賃金の問題にくわえて、多くの女性労働者の胸中には、「非熟練」や「半熟練」と呼ばれることで、自分たちにはらわれるべき敬意が奪われているという思いがある。なにが「技能」とみなされるかをめぐる争いは、エバレットのランチ・レディたちの裁判における証言でも明らかだった。裁判は、その一〇年前にイングランドで有名になった抗議運動を思いおこさせた。ダゲンハムにあるフォード工場でイギリス人女性労働者がおこなった集団ストライキは、不公正な職業分類と、それにともなう低賃金にたいする怒りによっておきたものだった。女性工場労働者たちは、フォードの自動車やトラックにとりつけられるシートを縫製していた。この仕事をうまくこなすには技術がいることが、彼女たちにはわかっていた。人は、複雑でしっかりとした縫製の技術を生まれながらにしてもっているわけではない。一九六八年に工場の女性縫製者たちがストライキを決行したのは、自分たちの仕事を「熟練」労働に格上げしてほしいという要求を掲げてのことだった[10]。

人がなにかを得れば自分がなにかを失うとばかりに世界をゼロサムの空間とみなし、女性たちの助けとなる支援を拒む同僚たちによって、家父長制は維持される。雇用主のみならず自分自身でも技術のいる仕事をしていると思っている男性は、カフェテリアではたらいたり自動車のシートを縫製したりしている女性の同僚が、自分たちも同程度に熟練した労働者だと主張すれば、憤りをおぼえるかもしれない。こうした家父長制的な憤り(とそれにともなう恐怖)がひろく内面化されることで、自動車組立工場や公立学校といったまったく異なる職場において、男女のあいだにありえたはずの連帯が実現されないでいる[11]。

結果として、職場における家父長制に挑戦するために、あらたなフェミニスト的概念が必要になった。「同一価値労働同一賃金《コンパラブル・ワース》」である。これは、たんなる同一をこえた概念であり、正義——つまり、公平——の問題にとりくむものである。

概念というのは重要なものだ。概念の選択がまずければ、世界や、世界のなかの自分の場所についての理解がますますゆがんでしまう。しかし、信頼にたる有用な概念があれば、複雑な現実をゆがみなくみることができる。つまり、概念とはたんなる抽象化ではない。概念はそれに応じた結果をもたらす。刺激を与えることができる。抵抗をひきおこすこともある。「同一の価値をもった労働に同一の賃金《コンパラブル・ワーク》」をもとめる運動は、斬新な概念によって新鮮な目標を提示した。この概念は、男性の仕事と女性の仕事について信頼のおける比較はできない、という家父長制的な前提にたいして、さまざまな職場の女性たちが異議申し立てすることを可能にした。「同一価値労働同一賃金《コンパラブル・ワース》」は、男性がおこなう仕事は女性がおこなう仕事にくらべて本質的に価値あるものだ、という家父長制的な主張をくつがえしたのである。

次に、制度だ。ランチ・レディの運動にとって概念を変えるのは重要なことだったが、制度の変革も重要だった。エバレットの運動では、マサチューセッツ州の政策を変えるために二五年以上の歳月を要した。そのためには、マサチューセッツ州の州議会で女性議員の数を増やすこともしなければならなかった。

マサチューセッツ州は、通常の投票傾向という点では盤石な民主党地盤の州(「青い」州)だと考えられている。しかし実のところ、何世代にもわたって州と地域の政治を支配してきたのは家父長制的な民主党組織だった。マサチューセッツ州の政党政治のジェンダー化された歴史は、「リベラル」だからといって社会がとりもなおさず家父長制をまぬがれているわけではないことを教えてくれる。たとえば、エバレットのランチ・レディたちが一九八九年に訴訟をおこしたとき、マサチューセッツ州議会の女性議員は全体の二〇%にも満たなかった。女性の州知事はいまだでておらず、州選出の国会議員もつねに男性化されていた[12]。二〇一六年までには、マサチューセッツ州の民主党組織や州議会の男性化された文化にいくらか改善の兆しがみられた。議席をもとめる民主党議員の女性たちが選挙で勝つようになり、今や州議会の二六%を占めるようになった。もっとも、これでマサチューセッツ州が他の州よりはるかに先んじたというわけではない(二〇一六年の州議会における女性議員比率の全国平均は二四・八%でしかなかった)。それでもこの増加は、議員たちがなにを問題と考えるか、なにに政治的な力を費やす価値があると考えるか、そして、あたらしい法律を制定するうえでだれとどのように連帯するのか、ということにたしかな影響をもたらすものだった。

しかし、これはたんなる数字の問題ではなかった。州議会にあらたにくわわった女性議員の多くが、女性の経済的現実についてのフェミニスト的気づきをもって役職についたことが大きかったのである。

そうしたマサチューセッツ州議会議員のひとりがパトリシア・イェーレンだった。彼女は、ボストン大都市圏に含まれる労働者階級の街のひとつ、サマービルで、その政治キャリアをスタートさせた。サマービルで選挙の地盤を築き、民主党員として出馬して州議会の下院に議席を獲得すると、その後上院に進出した。エバレットのランチ・レディたちにたいする「賃金の公平《ペイ・エクイティ》」の問題を再燃させるにあたって、パット・イェーレンはマサチューセッツ州議会の上院議員として重要な役割を果たしたのだった。⑬

マサチューセッツ州最高裁判所がエバレットのランチ・レディたちに敗訴の判決をくだしたあと、パット・イェーレンは、州の同一賃金法の運用において「同一の価値《コンパラブル・ワース》」が考慮されるよう、改正案を提出した。一七年ものあいだ、彼女は議会でこの改正案をだしつづけたが、そのたびに棄却された。

二〇一四年、パット・イェーレンはあらたな戦略を試みた。マサチューセッツ州西部出身の議員仲間、エレン・ストーリーと手をくんだのである。彼女たちのあたらしい法案は、第一に、「賃金の公平《ペイ・エクイティ》」の指標として、同一の価値《コンパラブル・ワース》を明確に定義した。それによって、職名が異なっていても実際は同種であるような仕事の賃金比較が可能になった。第二に、雇用主が給与の見直しを定期的におこない、職場における賃金格差に対処するため真摯に努力してきたことを証明できれば、性差別訴訟にたいして雇用主を守るという規定をくわえた。第三に、そしてもっとも報道される価値のあることとして、イェーレンとストーリーは、雇用主が従業員候補者に前の仕事での給与を尋ねることを違法とする規定をいれた。この質問は、女性の初任給を男性の初任給よりも低く抑えるよう、何年にもわたって雇用主たちを手助けしてきたものだった。⑭

二〇一四年には、州議会上院の強大な歳入委員会の委員長職が女性議員にひきつがれた。彼女は法案支持の連携にくわわった。さらにマサチューセッツ州の司法長官の職を、フェミニズムに詳しい、モーラ・ヒーリーが獲得した。彼女の職責は、労働法の執行に責任をもつことだった。彼女は、イェーレン＝ストーリーの法案は公正なもので、究極的には彼ら自身の利益になると州のビジネス・リーダーたちを説得するのに、一役買った。二〇一六年、賃金の公平《ペイ・エクイティ》のための法案はマサチューセッツ州議会の両院を全会一致で通過した。この法案の可決は全国的に報道されることとなった。『ニューヨーク・タイムズ』は、「マサチューセッツ州は、雇用する前に応募者の以前の給与を尋ねることを雇用主に禁ずるはじめての州になった」と報じた[15]。

二〇一六年八月、共和党知事が署名して法案が州法として成立したとき、その場にまねかれた人びとのなかにドロシー・シモネッリがいた。彼女はそこを訪れるのに乗り気ではなかった。そのとき、すでに八〇代。公平な賃金をもとめて闘った長い年月に疲れきってしまったのだと、友人たちに語った。一九八九年にあの歴史的な訴訟をおこなったエバレットのランチ・レディたちは、もうみんな亡くなってしまっていた。彼女の家族は、孫たちのためにといって、法案の署名がおこなわれる場にたちあうよう、なんとか彼女を説得した。イベントでコメントをもとめられた際、ドロシー・シモネッリは簡潔に語った。「わたしには一〇人の孫がいます——五人の男の子と、五人の女の子です……この法律は孫たち、そして将来どこかの職場ではたらくことになるすべての女性たちのためのものです。敬意を(R-E-S-P-E-C-T)[16]」。

一方にマンハッタン、もう一方にイースト川を見下ろす、ガラス張りの高層ビル。この国連事務局の建物を職場とする女性たちは、エバレットのランチ・レディたちとは別の惑星にいるように思えるかもしれない。実際、あらゆる点でそうなのである。彼女たちの顧客は政府であって、ティーンエイジャーではない。日々の仕事として丸太のような一〇ポンドものハンバーガー用の肉を運ぶことは、まずないだろう。それでも二〇一六年、国際官僚としてはたらく何人もの女性たちが、従来とはちがう連帯行動にでなければならないと考えた。彼女たちの目標は賃上げではなく、ワンダーウーマンを打倒することだった。彼女たちにとってこのワンダーウーマンは、公式に選ばれた家父長制的シンボルだったのである。

国際連合という巨獣の内部ではたらくには、膨大なスタミナが必要だ。延々とつづく過程や複雑な意思決定、複数の行為者、競合する目標、そして不確かな支援にたいして忍耐強さがなければならない。国連の中核には偏狭な利己主義と高慢な理想が混じりあっている。そして家父長制もまた、その中核をなしている。

エレノア・ルーズベルト[*2]やヴィジァヤ・ラクシュミ・パンディット[*3]といった強力な女性たちが早くに影響を与えていたというのに、国連は第二次世界大戦の焼け跡のなかに設立されて以来、男性に牛耳られてきた。それだけでなく、国家、戦争、平和、権力、安全保障、専門的知識、経済開発、人権についての家父長制的な想定にも支配されてきた[17]。これは、ほとんどの家父長制的な機関がそうであるように、そこで女性がはたらいていないということではない。最大限に男らしさを特権化する機関でさえ、事務労働者、清掃係、カフェテリア店員、無償で子育てをする配偶者としての女性に依存している。女性たちは、家父長制的な文化にもとづく期待にしたがうこともあれば、それをくつがえそうとすることもある。

国連ではたらく女性のほとんどは、国際官僚として仕事をしている。さまざまな加盟国出身の学識ある女性たちが、秘書、会計士、公文書係、旅程調整係、ウェブデザイナー、統計専門家、国際弁護士、各種プログラムの企画立案係、フィールドワーカーとして仕事を得てきた——巨大でトランスナショナルな組織を稼働しつづけるために必要な、さまざまな仕事だ。彼女たちは、ローマにある食糧農業機関（FAO）、ジュネーヴにある国際労働機関（ILO）、世界保健機関（WHO）、国連難民高等弁務官事務所（UNHCR）、国連人権理事会（UNHRC）、ハーグにある国際刑事裁判所（ICC）、パリにある国連教育科学文化機関（UNESCO）、ナイロビにある国連環境計画（UNEP）ではたらいてきた。

しかし、国連官僚がもっとも集中しているのはニューヨークにある国連本部だ。国連総会はニューヨークでおこなわれ、一九三の加盟国（最新の加盟国は、東ティモール、モンテネグロ、南スーダン）からやってくる各国代表が一堂に会する。安全保障理事会（これは「P5」、つまり拒否権をもつ五つの常任理事国――アメリカ、イギリス、中国、ロシア、フランス――の代表に牛耳られている）の本部もまた、ニューヨークにある。ほとんどの国連官僚がはたらく階層化された職場、国連事務局があるのもこのニューヨークだ。したがってここには、加盟国に選出された全国連組織の代表たる国連事務総長のオフィスもあるということになる。

国連の公務は、気が遠くなるほどの官僚主義的な仕事であることもめずらしくない。それでも、その比較的恵まれた手当、安定性、給与、社会的地位を考えれば、国連で公職を得ることは非常に魅力的だ。事務局にある四万一〇〇〇の仕事のひとつに空きがでると、そのポストをねらう候補者は平均して二〇〇〇人にもなる。[18] 複雑な現代的組織のほとんどがそうであるように、国連事務局における職務ははっきりとしたヒエラルキーで序列づけられている。どの問題が真剣にとりあつかわれるか、かぎられた資源がどのように使われるか、どの組織的指示が実行され、どの指示はたんなるうわべだけの扱いとなるか。こうしたことに圧倒的な影響をもたらすのは、上級職を占める人びとである。

「国連女性の一〇年」から一〇年後の一九九五年、北京国連女性会議で、国連加盟国は北京行動綱領を採択した。規定のひとつは、二〇〇〇年までに国連の上級職における男女の均衡を達成することだった。この目標年はとっくに過ぎてしまった。国連事務局の上級職の大半を占めるのは依然として男性だ。たとえば、北京行動綱領の公約から一二年が過ぎた二〇一二年、最下位の職位であるP-1ランクの国連職員の大多数(七〇・六%)は女性だ。対照的に、D-2というランクの上級管理職の女性はわずか二四%にとどまる。[19]より影響力のある、さらに高い地位をみると、家父長制的構図はいっそう鮮明だ。二〇一五年、事務総長に任命権がある事務次長が六名辞任した。そのすべては女性だったが、後任はいずれも男性だった。事務次長のひとつ下のレベル——おなじくかなりの上級職である事務次長補——では、男性が七七%を占めている。[20]

ある集団がどれくらい家父長制的であるかを評価し、その集団の姿勢と実践を変革する効果的な戦略を展開するには、その組織を内偵する必要がある。フェミニストの探偵は、組織の公的なヒエラルキーだけでなく、日々の意思決定のやり方についても学ばなければならない。ただし、重要な決定はかならずしもヒエラルキーの頂点でおこなわれるわけではない。次に、得られた情報を手がかりに、女性がどこに、そして男性がどこにいるかを調べなければならない。特定の男性たちが——人種、国籍、セクシュアリティ、経歴、専門的知識によって——昇進したり、影響力のある地位に任命されたりする可能性が高いかどうかを問わねばならない。フェミニスト探偵はまた、だれが昇進を決定し、だれが任命をおこなっているのか——そして彼らを選んでいるのはだれなのか——を、当然問うことになる。

ただし、組織を瞬間的に切りとってみるだけでは十分ではない。ある組織の家父長制を追跡し、これに挑むには、上記のような必須事項についての情報をくりかえし収集しつづけなければならない。交差的な関心をもつフェミニストの女性がなんらかの重要とされている職位に着任するや、そのポストから影響力をそいでしまうというのが、家父長制を維持する常套手段のひとつだからだ。

国連は、一九四五年に設立されてまもない頃から、特定の種類の男らしさを特権化したり、業務のやり方を男性化したりしていることについて、女性の権利を擁護する人びとの批判を受けてきた。また、国連の世界的な活動についても、女性の権利、状況、考えに関心をむける価値がないかのように、あるいは、あったとしても二次的なものにすぎないかのようにふるまうことにたいして厳しい批判があった。こうした批判は、自国政府の国連代表団ではたらく女性や国連職員としてはたらく女性、そして増加するさまざまなフェミニストあるいは人権NGO団体で活動する女性たちからむけられてきた。

もちろん、批判には継続的に応答がおこなわれており、その内容は多岐にわたっている。これこそ、家父長制がきわめて「持続可能」で、実際には権力をゆずりわたすことなくうまく順応してきた所以である。最初の応答は国連の歩みの早創期におこなわれた。一九四六年に「国連女性の地位委員会(CSW)」が設置されたのである。毎年三月になると、世界中の市民社会運動家の女性たちが、CSWにたいしてロビー活動をするためニューヨークに集結する(アメリカへの入国ビザを入手できれば、の話だが)。彼女たちは、CSWのとりくみを拡大すること、あるいはよくあることだが、前年のとりくみが保守的な後退をしないよう防ぐことを目指している。毎年、一部の政府は、ジェンダー的なとりくみの拡大を阻止しようと画策している。近年ではプーチン率いるロシア政府が、ヴァチカンやその他の保守的な国家の代表団——たとえば、ウガンダやマレーシア、サウジアラビア——と手をくみ、女性の権利とジェンダーの公平への国際的なとりくみを縮小させようとしてきた。彼らは、それらが国家主権を弱体化させる、もしくは家族の神聖さをおかす、あるいはその両方であると主張している。家父長制的な動きに対抗するうえで市民社会のフェミニストたちが信頼をよせてきたのは、カナダやノルウェー、アイスランド、そしてEU加盟国の代表団だった。

オバマ政権（二〇〇九―一七年）のあいだ、女性の権利を擁護する人びとにとってアメリカ代表団は心強い同志だった。しかしトランプ政権になり、アメリカ代表団は国連のジェンダー交渉で反対の立場につうったかのようだ。二〇一七年一月、トランスナショナルなフェミニズムの擁護者たちは、トランプ政権が国際政策の最初の一手として、いわゆる「グローバル・ギャグ・ルール」[*4]を復活させるのを強い危機感をもってみていた。公式には「メキシコ・シティ政策」として知られるこの政策は、中絶関連の医療やリプロダクティブ・ヘルスにかかわるカウンセリングを幅広くおこなう組織――たとえばセネガルの地域診療所など――にたいするアメリカ政府の対外援助を禁止するものだ。トランプ政権の拡大解釈によって、アメリカのグローバル・ギャグ・ルールはたんに復活をとげただけでなく、拡張されることになった。重要なリプロダクティブ・ヘルス関連のサービスをなんらかのかたちで提供している組織から資金をわずかでも受けている組織や診療所は、二〇一七年一月をもって、アメリカの対外援助の禁止の対象になってしまったのである(21)。毎年のCSWとの交渉に焦点をあわせている女性の権利団体の人びとは、アメリカの代表団が今後はよくておざなりな支援を、最悪の場合は保守的な国家の味方をするかもしれないと予測した。国連が関与するすべての領域のうち、年に一度、非公開でおこなわれるCSWの国家間交渉において、女性のリプロダクティブ・ライツとLGBTQの権利ほど意見がするどく対立するものはなかった(22)。

CSWの設立につづいたのが、「国連女性の一〇年」だった。国際的な女性運動の活動家たちからの圧力に応えて、一九七〇年代初頭、国連は一九七五年から八五年を「国連女性の一〇年」と定めた。この動きは、女性たち――その考え、経験、ニーズ、願望――がグローバルかつローカルなあらゆる開発のとりくみにまちがいなくくみこまれることを目的としていた。地域の女性活動家たちの多くは、「国連女性の一〇年」の大規模で活気ある会議に参加することで、遠く離れた国連に影響を与える感覚をおぼえた。それはまた、国連の家父長制的な慣例への挑戦が自分たちのためになることを経験する、はじめての機会にもなったのだった。

この一〇年のあいだの一九七九年に、国連総会は「女性差別撤廃条約(CEDAW)」を可決した。二〇一三年までに、国連加盟国一九三のうち一八七の政府がCEDAWに署名と批准(履行はともあれ)をおこなった。自国政府がCEDAWの義務を履行しなかった場合、条約の批准さえしていれば、地域の女性グループは公共政策や実践の基準としてCEDAWをあげることが可能だった。当局がCEDAWへの署名と批准を拒否しつづける政府には、トンガ、イラン、ソマリア、スーダン、そしてアメリカがある[23]。

注目すべき政治的突破口もあった。女性の権利の擁護者たちは国連の内外で連帯し、戦争にかかわる女性特有の経験と視点があることを裏づける調査をおこなうと、それを認める決議文を起草した。そして、この決議を通過させるよう、国連安全保障理事会の一五の理事国を説得したのである。二〇〇〇年一〇月、理事会は、女性・平和・安全保障についての国連安保理決議一三二五号を採択した。それは、国際安全保障上の主要な問題が議論され、実行される場として男性化されている安全保障理事会が、これまでだしたことのない類の決議だった。つまり、武力紛争の解決や、集合的な暴力につづく社会再建への重要な歩みのなかで、女性の考え、利害、経験についてきちんと考えるよう、理事国のみならず国連の全機関および全加盟国に義務づけたのである。

決議一三二五号を理論化し、ロビー活動の中心を担った女性活動家たちは、女性が戦争で経験する暴力や喪失にたいして政府や関係機関が特別な注意をはらうよう(たとえば、レイプは避けることのできない戦時の「副次的被害」のひとつなのだと想定することをやめるよう)、決議を設計した。一三二五号の議論はさらに進み、女性は声をもたない被害者ではないことを確認した。決議は、公式の和平交渉と戦後の事業の両方に女性(とくに紛争地域の市民社会組織で活動する女性たち)と彼女たちの考えをいれなければならないとした。そうすることで、家父長制的なやり方で戦争終結と平和構築という国際的な事業を実行しないよう、加盟国と国連当局者たちに釘をさしたのである。

一三二五号の採択を安全保障理事会の一五カ国の国家代表団にたいして説得するにあたって先頭にたった人権団体、女性の権利団体、フェミニスト平和団体のメンバーは、「採択して棚上げする」という家父長制的な手口を熟知していた。だからこそ、一三二五号につづく一連の決議を採択するよう、安保理理事国に圧力をかけたのである。それらの後続決議は、一つひとつが一三二五号の「抜け穴」をふさぎ、その目的をより明確にするよう意図されたものだった。彼女たちはまた、一三二五号の履行にたいして加盟国と国連事務局の両方に責任をもたせるため、モニタリング・グループ──「女性・平和・安全保障にかんするNGOワーキング・グループ」──をつくった。今日ワーキング・グループに所属する団体には、婦人国際自由平和連盟(WILPF)、ノーベル・ウィメンズ・イニシアティヴ、ケア・インターナショナル、MADRE、ヒューマン・ライツ・ウォッチ、インターナショナル・アラート、ジェンダー・安全保障・人権のためのコンソーシアム、そして難民インターナショナルなどがある[24]。

国連のジェンダー化された歴史をたどってみると、印象的なのは、国連を男性化している者たちのたえまない巧妙な更新戦略に対応するために、女性の権利の擁護者たちも組織的な方策やロビー活動の戦略をつねに刷新する必要があったことだ。一九四六年、一九七五年、一九七九年、一九九五年、二〇〇〇年――これらは、女性の権利を擁護する人びとが男性化を進める人びとにたいし、斬新な試みでチェックメイトをつきつけた年である。この過程はまだまだおわりにはほど遠い。家父長制は、今なお更新されつづけているからだ。

二〇一〇年、またしても、国連の家父長制的システムを押したり引いたりしてきたトランスナショナルなフェミニスト活動家たちの先導により、総会加盟国はあたらしい国連機関の誕生を見届けることになった。UNウィメンだ。この組織は、女性の現状、ニーズ、考えが――平和と戦争の問題だけでなく、健康、セクシュアリティ、武器取引、経済開発、法、治安維持、環境にかかわる国際的な政策をかたちづくる種々の決定やデータ収集の面でも――真剣に扱われるように責務を担ってきた国連の既存の部局よりも、高い地位と強大な権能、広範な権限をもつとされた。[25] しかし、UNウィメンの仕事熱心な職員たちは、自分たちのプログラムに十分な予算配分がなされない（とくにその広範囲におよぶグローバルな権能に比して）のを日々目の当たりにしてきた。主要な決定がくだされるとき、UNウィメンの専門家たちはしばしば無視されるか、あるいは要求「しすぎない」場合にのみ「部屋に入ることを許される」のだった。

国際的な合意のなかに女性の権利を確立する機会を見極め、国連の広範な領域でそれらの権利がひっくりかえされることを防ぐには、フェミニスト的なするどい目を育てなければならない。トランスナショナルなフェミニストたちは、二〇一三年の革新的な武器貿易条約に「ジェンダーにもとづく暴力」が入ったことを、勝利と考えてきた。「拘束力をもたせよ」という彼女たちの運動が条約起草者たちを説得し、銃火器がジェンダーにもとづく暴力に用いられるかどうかが、武器輸出を禁止する拘束力ある基準のひとつにくわえられたのである。[26] 同様に二〇一五年、フェミニスト活動家、国連内部の人びと、そしてフェミニストを支援する政府の代表団は連帯し、各国政府を説得して、「ジェンダー平等」を国連の持続可能な開発目標（SDGs）[*5]のひとつとすることに成功した。「ジェンダーの平等を達成し、すべての女性と女児のエンパワーメントを図る」ことが、合意された一七の集合的な目標のひとつ――SDG5――になったのである。[27] 多くの政府の反対があるなかで、近年のこうした勝利には、協調して運動することが必要だった。

国連のシステム内部におけるフェミニスト的政策は、いずれも苦闘の末に達成されたものである。ただ、こうした達成が世界中の女性の実生活を改善するのは、政策が長いこと維持され、効果的に運用されるかぎりにおいてだ。それにはさらなるフェミニスト運動が必要となる。

近年の挑戦でもっとも困難をきわめたのは、国連事務総長（SG）に女性を選出するよう加盟国を説得することだった。韓国の外交官潘基文《パン・ギムン》は、国連事務総長の任期を二〇一六年一二月におえることになっていた。国連加盟国の暗黙の了解では、事務総長のポストは世界の地域ごとにまわすことになっていた。二〇一六年はおそらく東ヨーロッパの「順番」だったはずだ。すなわち、上級の外交官か加盟国政府の高級官僚を務める男性のあいだの順番である。国連の七一年にわたる歴史のなかで、男性だけが組織の最高位についてきた。男性たちは多様だった――出身国はノルウェー、スウェーデン、イギリス、エジプト、ペルー、韓国、オーストリア、ガーナと多岐にわたる――が、いずれも家父長制的な信用証明とされるものをもっていた。つまり、男性化された専門的知識、（他の男性からみた）信頼性、そして真面目さとされるものである。そうした特性を、安全保障理事会の常任理事国と非常任理事国双方の票、とくに安保理の強力な常任理事国の決定票を獲得するほど十分にもちあわせているとみなされた女性は、これまでにいなかったというわけだ。

二〇一六年の夏が過ぎその年の秋に入るまで、一年以上にわたって、国連内部のフェミニストと数々の市民社会組織のフェミニストたちは戦略をたて、調整をおこない、友好的な政府との連帯をつくりあげた。だれもが、潘基文の後継となる事務総長として女性を選出させることを目標としていた。機は熟していた。とうのむかしにそうなっているべきなのだ。しかし、その目標を達成するには、選出の過程を従来の方法よりもオープンにしなければならない。国連に焦点をあててきた活動家たちにはそれがわかっていた。事務総長の選出過程の透明性を高めることで、組織の男性化された交渉文化が選出におよぼす影響を弱められるだろうと考えたのだ。この点では、彼女たちは成功をおさめた。二〇一六年、国連の七〇年の歴史ではじめて、事務総長候補の上位一二名によるプレゼンテーションがテレビで放送されたのである。さらにはじめてのこととして、インタビューを受けた候補者の半分は女性であり、それぞれに印象的な外交政策と国際的なキャリアの経験をもっていた。六人のなかにはニュージーランド出身者(国連の地政学的思考においては「ヨーロッパ出身」とみなされる)がひとりと、東ヨーロッパ出身者が二人いた。ただ、インタビューのなかで自分をフェミニストと称していたのはクロアチア出身の外務大臣ただひとりだった。

最終的には、常任理事国の五カ国を含め、安全保障理事会は別の男性を選出した。ポルトガルの外交官、アントニオ・グテーレスだ。彼は、難民関連機関であるＵＮＨＣＲでの統率力を評価されたのだった。二〇一六年一二月に就任すると、グテーレスは、女性の声に耳を傾けること、上級職の任命においてジェンダーの均衡を達成する策を早急に講じること、そして平和維持活動にたずさわる男性兵士による現地女性への性的暴行にきちんと対処することを約束した。フェミニストたちはこれらの公約を歓迎した。しかし同時に、国連における指導部の男性化が維持されたことも心に留めたのだった。(28)

ここでワンダーウーマンの登場だ。

二〇一六年の秋、国連広報局の職員たちは、「女性と女児のエンパワーメント」のシンボルを探していた。[29]これは、あたらしいSDG5への責務を果たす特別な機会になるはずだった。ただ、現在の国連のガイドラインでは、民間企業との「パートナーシップ」を構築することが奨励されていた。職員たち自身も、広報活動の専門家として、人びとの目をひき、世界のソーシャルメディアをにぎわすようなシンボルを探すことに意欲を燃やしていた。実在する少女や女性では、条件を満たす人物はいそうになかった。

広報局の職員たちが、自分たちの選択が賢明かどうか、どれだけひろく国連内部で──たとえばUNウィメンの職員に──相談したのかは定かでない。それに、ジェンダーの専門家からアドバイスを受けたとして、果たしてそれを真剣に受けとったかどうかもわからない。

明らかなのは、彼らが反発の声を予想だにしていなかったことである。

DCコミックス社のキャラクターであるワンダーウーマンが、「女性と女児のエンパワーメント」のための国連特別「名誉大使」に選ばれたという発表から数日のうちに、抗議を唱える声がいつもとはちがうところから響きはじめた。さまざまな部門に所属する国連職員たち──政治的慎重さと組織的な口の堅さで知られる国際官僚たち──が憤慨したのだ。めずらしいことに、事務総長にあてた抗議の請願がまわされはじめた。はじめは事務局の廊下で、その後はオンラインで。「「女性と女児のエンパワーメント」のための名誉大使の選択を再考せよ」と題された請願には、一〇月中旬までに六〇〇人の職員の署名があつまった。[30]請願者たちは、広報局によるきわめて「不適切」で「配慮に欠ける」選択をとがめた。

ワンダーウーマンは七五年前につくられたものです。原作者はフェミニスト的メッセージをこめて、ワンダーウーマンに力強く自立した「戦士」の女性を象徴させたつもりだったかもしれませんが、実際問題として、キャラクターの現ヴァージョンはありえないプロポーションをした胸の大きな白人女性で、アメリカ国旗をモチーフにした太ももも露わな光沢あるボディースーツと、膝上のブーツをまとった、露出度の高い格好をしているものです――これは「ピンナップ写真」の女性の典型です。[31]

もしかすると、まさにこうした特性が広報局の職員たちに魅力的にうつったのかもしれない。ワンダーウーマンは古くさくない。世間知らずでもない。女性化された軍事主義の風格をただよわせている。実際、彼女はもともと、第二次世界大戦期のアメリカで愛国主義のシンボルとして売りだされた。彼女は、スーパーマンやキャプテン・アメリカとならんでファシストと戦ったのだ。

大きな胸のイメージはそうでなかったとしても、ワンダーウーマンの物語は当初、部分的には参政権運動家の女性たちに着想を得ていた。彼女たちこそ、ワンダーウーマンのきまり文句である「サファリング・サッフォー！」[*6]をもたらしたのだ。しかし、フェミニスト歴史家のジル・ルポールが最近明らかにしたように、こうした女性たちの影響については、その存命中は隠されていた。ワンダーウーマンをつくりだした功績を認められたのはウィリアム・モールトン・マーストンという男性だった。そして、マーストンの女性関係、および女性や女らしさにたいする態度は、ひかえめにいってもこみいったものだった[32]。

フィクションの女性キャラクターの多くがそうであるように、ワンダーウーマンは女性ファンのあいだで独自の成長をとげた。一九四〇年代にワンダーウーマンの漫画を読んだり、一九七〇年代にそのテレビをみたりした多くのアメリカの少女や若い女性たちにとって、ワンダーウーマンは男性が発明した幻想でもなければ、政府の戦争遂行を進めるための装置でもなかった。むしろ、その気概、正義感、金色の投げ縄は、女性化されているとはいえ、従来的ではないエネルギーと力のシンボルとなったのである。フェミニスト雑誌『ミズ』の一九七二年の創刊号でワンダーウーマンを表紙に選んだのも、そのような思いをもつ女性たちだった[33]。

しかし、二〇一六年は一九七二年ではなかった。国際連合はアメリカではなかった。国際官僚としてはたらく女性たちは、アメリカのポピュラー文化を消費する少女ではなかった。そして、国と文化をこえて「女性と女児のエンパワーメント」を推進することは、愛国主義的な軍事主義を動員することとおなじではなかった。広報局の職員たちはこうした決定的なちがいを見落としたようだ。しかし、請願をまわし、署名をした国連の女性職員たちは、そのちがいに敏感だった。さらに広報局は、「女性と女児のエンパワーメント」のために漫画のキャラクターを世界的な大使にする、という選択を発表するにあたって、国連ならではのジェンダー化された文脈を考慮していなかったらしい。国連平和維持活動にたずさわる男性たちが、戦争地域で保護を提供するはずの現地の少女や女性に暴行をはたらき、彼らの上司が暴力の隠蔽にかかわるという明らかな共犯関係にあったことが近年発覚し、組織に衝撃を与えたばかりだった。二〇一五年の政治交渉において、ジェンダー平等にたいする国連の明示的な関与は黙っていて得られたのではない。SDG5は容易に持続可能な開発目標になったわけではなく、それを勝ちとるためには闘いが必要だった。国連の女性職員たちには、そのことがわかっていた。

これにつづいたのが、事務総長の選挙戦だった。二〇一六年の秋は、国連の多くの女性職員が、あらたな総長としてまたも男性が選出されたことにいまだ憤慨していた頃だった。もしかするとこの精鋭の選出過程の透明性こそが、自分たちのはたらく場が依然として男性化された組織文化に染まっていることを、多くの女性職員たちに気づかせたのかもしれない。事務局で専門職としてはたらく女性たちをとくに苛立たせたのは、本部のロビーに設置されたワンダーウーマンの等身大パネルだったろう。毎日、オフィスにむかうエレベーターに乗るたびに、顔をあわせなければならなかったのだから。

女性職員たちの請願は以下のようにつづいた。

> 女性や少女のモノ化がアメリカでも世界でも大きなニュースになる時代に、あからさまにセックス化されたイメージをもつキャラクターの使用を国連が考えるとは驚くべきことです……
>
> 要するに、国連は、すべての女性のジェンダー平等とエンパワーメントをめぐる闘いを後押しする現実の女性を探しだせなかった、ということのようです……
>
> （現実に生きて、息をしている）強い女性のロールモデルをもつことは、「女性と女児のエンパワーメント」という目標において重要です……
>
> これは「マスコット」に務めさせるには、あまりに荷が重い役割なのです。[34]

国連の上級職員は、請願者たちの声に耳を傾けないことにした。彼らはテレビや映画のスター、そしてDCコミックス社の社長を呼んで記者会見をおこなった。このアメリカのエンターテインメント企業にとって、国連の選択は、彼ら自身のワンダーウーマン七五周年記念とアメリカ郵政公社による記念切手の発行にうまく重なったものだった。

二〇一六年一〇月二一日、国連での公の式典が、内部者たちによる前例なき抗議の次なる場となった。さまざまな国籍と人種の男女職員が、国連本部のメインロビーで抗議活動をおこなったのである。記者会見の会場内では抗議できないと上司たちに伝えられると、職員たちの多くは部屋に入り、後方にたって、進行中の式典に背中をむけた。何列もの女性たちが、国連関係者、俳優、メディア関係の重役たちに背をむけたまま、右手の拳を突きあげて無言の抗議をおこなった[35]。これまで国連本部でこのような抗議がおこったことは、だれの記憶にもなかった。

家父長制はさまざまなかたちで作動する。国連関係者はワンダーウーマンのキャンペーンをおしすすめ、女性職員たちの請願や取り消しをもとめる抗議には意味がないとあなどっているようだった。しかし、ワンダーウーマンの大使役は長くはつづかなかった。たった二カ月間の役目を果たすと、この漫画キャラクターは「引退」した。二〇一六年の一二月中旬、彼女の大使役に唐突なおわりを告げた国連関係者は、その任期の短さと、国連内部の批判や女性職員と男性同志による異例のデモ行為との関係をいっさい否定した[36]。これこそまさしく、「持続可能な」家父長制の特徴のひとつだ。家父長制的な人びとは、ときにはそのジェンダー化されたあやまちから学ぶこともあるのだが、そのことをほとんど認めようとしない。むしろ逆に、批判的な圧力、とりわけフェミニズムに学んだ女性たちからの圧力に屈しないところを示そうとする。実際、家父長制的な人びとの学習作法のひとつとは、自分たち以外の人間からなにかしら教わったという事実を否定するやり方を学ぶことのようである。

フェミニスト的なスタミナ、調査、分析、概念の精緻化、資金調達、傾聴、ユーモア、グローバルとローカルな交差的なネットワークづくり、連帯の形成、そして注意深さ——なんともめげそうになるくみあわせである。だが、このくみあわせをつくりあげ、維持することが、家父長制に抵抗し、その地域的かつ国際的な信念と実践を阻止するために必要なのである。このくみあわせこそが、家父長制のたえまない順応の努力を挫くためにに、もとめられているものなのだ。

終章　〈家父長制〉は無敵じゃない

降りしきる雨のなか、女性たちは太鼓の音を響かせながらボゴタの街をねり歩いた。長期にわたるコロンビアの内戦で殺された女性たちを忘れないため、そして、あたらしい和平合意に書きこまれたジェンダーの公平にかんする公約を履行するよう、要求するためだった。イスタンブールでは人びとが国家の抑圧に抗し、ポスターに一九の言語で「一緒なら強くなれる」と書いた。ロンドンでは、難民の女性たちとの連帯を表明して、イーディス・キャベル[*1]の影像のもとで祈りのスタンディングがおこなわれた。イェーテボリの中心部では、見渡すかぎりにひろがるピンク色のプッシーハットに雪が舞い落ちるなか、スウェーデン人女性たちがあらたな女性の賛歌「わたしは黙らない」を高らかに歌いあげた。

二〇一七年の三月八日、国際女性デーの出来事である。

世界中の女性たち、男性やトランスジェンダーの同志たちが、家父長制を持続させている重要な支柱をぐらつかせていた。その支柱とは次のようなものだ。

- 女性の権利を保障しなくても永続的な平和を打ち立てることができるという信念
- ハラスメントや暴力、周縁化、屈辱の経験について、女性や少女たちを沈黙させつづける圧力
- 女性の政治生活の大部分を占める市民社会空間を縮小させる慣行
- 人種、国籍、セクシュアリティ、あるいは安全の度合いによって女性たちをたがいに分断させておくダイナミクス

家父長制はこれまでうまいこと生き延びてきたかもしれないが、無敵というわけではない。実のところ、何世代にもわたって家父長制を持続させてきた疑わしい信念のひとつは、家父長制は異議申し立てにびくともしない、あるいは家父長制は「つねにありつづけるものだ」といった考えそのものだ。こうした信念は、ときに上品で洗練された装いをみせることがある。つまり、さまざまな男らしさの特権化を人間の性《さが》として受けいれることが、世才ある大人のしるしであるとされるのだ。家父長制を実際に根絶できると思うなんてナイーブだ。そしてもちろん、ナイーブであるとは、女性化されているということだ——こうして、家父長制を持続させてしまうことになる。

本書に通底するフェミニスト的信念は、これとはまったく異なる。家父長制は人為的につくられたものであり、したがって異議申し立てにたいして脆弱だ。家父長制がたえまない再編を必要としているのなら、家父長制を持続させる作業に抵抗することは可能である。こうしたフェミニスト的信念をとりいれることで、家父長制の不公平がつづくただなかにあっても、あきらめずにすむようになる。

家父長制がたえまなくかたちを変え、正当化をつづけなければならないことに気づくと、とても勇気づけられる。家父長制の更新の努力につねに目を光らせるよう、わたしたちを奮いたたせてくれるから

だ。このフェミニスト的な注意深い姿勢によって、わたしたちは、あたらしいものをつねに解放的とみなす家父長制的な想定に動じずにいられるようになる。

家父長制の恩恵を受ける人びとは、その特徴的な信念、価値観、関係性の網の目をくりかえし更新し、かたちを変え、現代化しなければならなかった。フェミニストとその同志たちによって、網の目がひっきりなしに断ち切られてきたからだ。ニュージーランドの女性たちがはじめて選挙権を獲得したとき。イギリスの女性たちが結婚後も自分の財産を管理しつづける権利を獲得したとき。中国の女性たちが離婚の権利を獲得したとき。イラクの女性たちが離婚後に親権を保持する権利を獲得したとき。パレスチナ、エジプト、アルジェリアのフェミニストたちが、反植民地主義的ナショナリズムを口実に家族や公的問題の男性支配をふたたび定着させることは正当化できないと宣言したとき。アイスランドの女性たちがジェンダー平等をもとめるストライキを全国に呼びかけたとき。ルワンダの女性たちが夫の財産を相続する権利を獲得したとき。トルコの女性たちが、夫に暴力をふるわれた女性は犯罪の被害者なのだと裁判官を説得したとき。インドの女性たちが、レイプを恥ずべきものではなく不法行為として扱うよう記者や編集者を説得したとき。アメリカの女性たちが、職場での性的暴力を労働者の権利の侵害とみなすべきだと要求して認められたとき。家事労働者たちのトランスナショナルな連帯が、国際労働機関(ＩＬＯ)にはたらきかけ、賃金労働をしている家事労働者には労働者の権利があると宣言することに成功したとき。南アフリカの反アパルトヘイト運動家の女性たちが、反人種差別運動家の同志たちに、人種差別と性差別との利己的な結びつきを認識させたとき。フェミニスト環境保護のトランスナショナルなネットワークが、男らしさについてのゆがめられた考えがいかに気候変動の要因になっているかを明らかにしたとき。リベリアの女性たちが集結して、軍閥の男性たちに和平合意の交渉をおこなわせたとき。韓国の女性たちが、誤解をまねく「慰安婦」という用語を、より正確な「性奴隷」におきかえるようわたしたちに教えてくれたとき。ボスニアの女性たちとその同志が、組織的なレイプを、国際的に訴追可能な戦争犯罪とするよう条約の起草者たちを説得したとき――こうした運動の一つひとつが実を結んだとき、女性と男性、そして国家との関係性は再構築されることになった。それぞれの達成は、社会がどのように機能するかにかんする既存の思いこみを再考することを、エリートだけでなく一般の人びとにもせまった。それぞれの達成が、支配的なジェンダー化された価値観をゆるがせたのである。

これらすべてが素晴らしい達成だが、いずれもそれだけで家父長制を打ち倒すことはできなかった。すべてが束になっても、ハンプティ・ダンプティを家父長制の塀から永久に突き落とすことはできなかった。しかし、単独でも集合的でも、フェミニストが牽引した変革によって、家父長制の恩恵を受ける人びと――多種多様で、得てしてたがいに敵対している人びと――は、特権を男性化する複雑なシステムを維持するために、あたらしい戦略を、それもしばしば前より脆弱な戦略を、考案せざるをえなかった。たとえば、家父長制の信奉者のなかには、テレビの報道番組のキャスターを女性に任せた人もいる。しかし彼らは、キャスターの役割をジャーナリストというより原稿の朗読者か司会者に格下げし、彼女たちを女性化された「美しさ」の鋳型に押しこめようとした。企業の上級管理職になることを目指すよう若い女性を励ますことで、自分は「ガール・パワー」を促進しているのだと主張する人もいる。一方、女性たちに労働者としての権利を認めることで職場での女性のストライキに対応しつつ、その後、あらたな雇用契約を策定した人もいた。その契約では、職場での差別の告発は法廷外の調停として処理しなければならなかったが、これは雇用主側に有利な法的プロセスだった。また、家父長制の恩恵を受ける人びとのなかには、科学分野への門戸をわずかにひらき、少女や女性の参入を許す者もいた。しかし彼らは同時に、もっとも利潤のでる最新鋭のハイテク科学事業を、あたらしいクールな少年クラブに仕立てあげたのだった。

その間、政治領域における家父長制の熱烈な支持者たちは、いっそう多くの女性が公職に立候補するのをふせぐことはできなかった。それでも彼らは、男性の候補者にはもとめられない子育て経験や容姿の基準といったものに、女性たちをしばりつけてきた。あるいは、より多くの女性が国会に議席を獲得することは受けいれつつも、実際の意思決定の場を、行政部門、とくに秘密のヴェールにおおわれた国家安全保障機関へとうつしていった。彼らは、「社会的セーフティネット」政策の領域――かつては彼らが管理していた領域――を「ソフト」で、ゆえに「男らしくない」、女性化されたものと特徴づけた。そうして、今や周縁化されたこれらの行政的な仕事を、上昇してきた女性政治家に与えたのだった。

国際的には、家父長制の維持者たちは、搾取される女性労働者たちが組織化すると、近隣諸国へと事業を移転させることで対応してきた。そうした国々の家父長制的な政府は、女性たちの進出を歓迎しているからだ。彼らは革新的なジェンダー・アドバイザーを国際機関に受けいれてはきたものの、十分な資金を提供せず、意思決定の中枢から都合よく除外してきた。女性・平和・安全保障についての国連安保理決議一三二五号の歴史的採択をくいとめることはできなかったが、その実際の履行を減じようと画策してきた。たとえば、和平合意や戦後の平和構築における女性の影響力を高めることはせず、たんにより多くの女性を国際的な平和維持軍にくわえたり、女性を戦時性暴力の被害者と認めたりしてきたのである。彼らはひとにぎりの女性を国際的に目立つ立場へ昇進させたが、その一方で、彼女たちがシステムの家父長制的規範に適合するよう熱心にはたらきかけ、男らしさの特権化にたいし波風をたてる可能性を低めようとした。

　地域的、国家的、国際的な領域において、家父長制の恩恵を受ける人びとは、現代社会にはさまざまな差し迫った危機があるとしてきた。組織化されないテロリズム、あるいは戦争、圧政、天災から逃れて押しよせてくる移民の世界的な波など、危機とされるものに対応すべく、家父長制の現代化を進める人びとは、過度の軍事化を提案する。軍事的な現代化のなかで、地域警察が重装備し、国境管理局が明確な根拠もなく移民を追いかえす権限をもつようになり、防衛機構が政府の外交政策の中心に据えられることになる。これらの動きの一つひとつが、男性化――警察、国境管理局、そして国家安全保障の意思決定の男性化――に依存している。その幾重にも織りなされた現代の男性化は――男性化が通例そうであるように――さまざまな女性化の過程に依存している。迫害を受けた移民男性は、（脅威として描かれると同時に）女性化されなければならない。地元住民との交流を通じて信頼関係を築こうとするコミュニティの治安維持は、たとえその仕事につく警官の多くが男性であったとしても、女性化されなければならない。外交官および外務省全体も、相対的に男らしくないものとして描かれなければならない。

　家父長制の恩恵を受ける人びとは新旧さまざまの手段を使い、家父長制からさほど恩恵を受けない人びとの鼻先にごほうびのニンジンをぶらさげ、その持続に加担させてきた。古いものであれ更新されたものであれ、家父長制がもつ誘惑を認識することは、その持続に対抗するためのはじめの一歩となる。

　家父長制的共犯は、家父長制的権力とおなじではない。家父長制的共犯には、女性も男性も、トランスジェンダーの人びとも関与しうる。自分は特権の中心から遠く離れて生きていると考える人びとも関与しうるということだ。たとえば家父長制的共犯は、今や穏やかな戦跡を歩きながら、わが身におきたことであるかのごとく哀悼することで癒しを得る、という行為のなかにもある。それは、過去の紛争について、一方の側の物語のみで満足するよう——誇らしささえ感じるよう——人びとを誘惑する。家父長制的共犯は、他の才能ある女性や人種的に周縁化された人びとをさしおいて自分が昇進したときに、自尊心を高めるものだ。そうした共犯は、勝ち組のチーム、企業、政党、国家の一員でいられることに——特定の集団の成功を可能にするしくみについて深く考えさせないままに——高揚感をいだかせる。家父長制的共犯は、あらたな排除の法や実践が導入されるときに、自分個人は安泰であることにほっとして、その法や実践の正統性を認めることのなかにもある。

家父長制的共犯をつくりだすのは、注意力の不足とフェミニスト的好奇心の欠如だ。自分の状況を、他の人がおかれた状況の典型例だと考えてしまうと、こうした共犯に知らぬ間に陥る危険性がある。他の民族、人種、階級、セクシュアリティ、宗教、国籍の女性、男性、トランスジェンダーの人びとの日々の経験に真摯な関心をむけること——その存在をみつけだし、声に注意深く耳を傾け、知ること——で、家父長制を維持することへの共犯にたいし警戒を高めることができる。この注意力は、家庭や職場でも発揮できるものだ。軽蔑してつりあげられた眉、スカートをさっとひきよせる仕草、蔑みのこもった嘲笑——注意深くあるためには、性差別的な規範を維持する、記録されない無言の身ぶりを見逃さないことが不可欠だ。家父長制を持続させる些細な身ぶりに抵抗するには、そうしたふるまいを記録するだけでなく、それを名づけ、反対の声をあげることが必要になる。

このように注意をむけるのは難しい。しかし、もっとも難しいのは、そうした身ぶりに気づき、挑戦するなかでひとりぼっちになってしまうことだろう。注意力の欠如を逆転させるうえでもっとも効果的なのは、家父長制的な嘲笑に声をあげた者が、他のだれか——以前はその嘲笑に気づかなかったが、今ではその重要性を認識している人——の後押しを受けることだ。

フェミニスト的好奇心の欠如は、注意力の不足と結びついている。家父長制の持続とは、大多数の人の怠慢によるのだ。多くの人が、現在おこっていること——なじみぶかいものも、あたらしいものも——は問題ではなく、それゆえ真剣な探究に値しないと考えるとき、家父長制は容易に維持される。道路を走る男らしいSUVが増えてるって? ああ、市場が機能しているってことだ。女性がフルタイムではたらけるよう、多くの中産階級家庭でベビーシッターを雇ってるって? それが社会的な変化というものだ。ますます多くの衣料品や電子機器が海外の工場でつくられてるって? それは利益を最大化する資本主義のはたらきであって、女性労働の低賃金化とはなんの関係もない。極右のナショナリスト政党の台頭? 警戒すべきではあるけれど、それは人種差別の問題であってフェミニスト的な調査は必要ない。

さらにいえば、過激派の運動は主流の男性エリートの良識をきわだたせる。今日、あるいはいかなる瞬間においても、怒鳴りちらす女性蔑視的な指導者、極端な原理主義、とんでもなく排外主義的な政党といった、ずばぬけて有害で露骨なかたちの家父長制が出現するかもしれない。これらはわたしたちの関心をとらえる。わたしたちは落胆を口にするだろう。こうしたかたちの家父長制が口汚く、退行的であるかぎり、それはまちがいなく注意と糾弾を受けるに値する。しかし、これらは持続可能な家父長制の主力エンジンではない。極端なかたちの家父長制はそろって、日々更新されるありふれた家父長制をおとなしいものにみせ、真剣な抵抗に値しないものにしてしまう。わたしたちは、今日の常軌を逸した(そして映像や写真映えする)家父長制に目を奪われる。すると、従来の家父長制の男性たちを、わたしたちを守ってくれる、わたしたちのかわりに真剣に考えてくれる「理性的な男」なのだ、と知らぬ間に思いこむようになる。これは、おそらく家父長制の恩恵を受ける人びとにとってさらにありがたいことだ。

家父長制の共犯である好奇心の欠如に対抗するには、フェミニスト的なあらたな問いを、それもいくつも、投げかけてみることだ。現代の生活の最前線にあるようにみえる組織について、深層を探るフェミニスト的探究をたえまなくおこなうことは、重要な抵抗となる。イングランド銀行、ニューヨーク株式取引所、ヒルトン・ホテル、マイクロソフト、フェイスブック、シェル石油、サムスン、NATO、中国共産党中央政治局、ロシア正教会、BBC放送、二一世紀フォックス、英国国防省、米国国防総省、米国安全保障会議。これらの事業を、家父長制的信念、価値観、関係性がどのようにかたちづくっているか、わたしたちはほとんど知らないのだから途方に暮れてしまう。これらの組織はいずれも探究する価値がある。フェミニスト的好奇心をまぬがれうるものなど、どれひとつとしてない。

たしかに、そうした探究には、さまざまな技能を備えたフェミニスト的意識をもつ研究者による、集合的な努力が必要になる。しかしそれは可能だ。ある組織が特別な影響力をもつからといって、好奇心旺盛なフェミニストの立ち入りが禁止されるわけではない。ある組織が強大な権力を行使するからといって、それが非ジェンダー化されていることにはならない。

家父長制を持続させる努力を立ち往生させるには、人種や世代をこえてトランスナショナルに組織された抵抗が必要だ。ただし、もっともローカルなレベルで活動しつつ、グローバルな意識をもちあわせた運動は、新鮮な思考とセットでなければならない。新旧フェミニスト運動のなかで、家父長制をぐらつかせ、断ち切るのに欠かせなかった要素のひとつは、あたらしいフェミニスト的概念をつくることだった。概念がうまく機能すると、あたらしいとされるものをこえて、どのようなジェンダー化された不公正や不公平が存続しているかをみることができるようになる。概念はまた、それらについて話すための言語をわたしたちに与えてくれる。理解の助けになってきた概念をほんのいくつかあげてみよう。

- 女性参政権
- 女性の権利
- 賃金の平等
- 同一価値労働同一賃金《コンパラブル・ワース》
- ドメスティック・バイオレンス
- リプロダクティブ・ライツ
- 軍事化された男らしさ
- デート・レイプ
- セクシュアル・ハラスメント
- ガラスの天井
- 日常的な性差別
- 組織的な戦時レイプ
- ジェンダーにもとづく暴力

新鮮で役にたつフェミニスト的概念は、更新された家父長制のもっとも魅力的な作用をも透明化し、その本性を露わにしてくれる。そして、透明化された家父長制とは、脆弱にされた家父長制のことなのである。

フェミニスト的注意をむけること、フェミニスト的問いを投げかけること、フェミニスト的調査をおこなうこと、隠されたジェンダーの問題を露わにする概念をつくること、多様でひらかれた幅広い連帯をつくること、そして、慎重さと創造性をもって行動すること——そうすれば、家父長制に勝ち目はない。

原注

第一章

(1) "Nova Scotia Village Hosts One of the Smallest Women's Marches, But It's Mighty," www.cbc.ca/news/canada/nova-scotia/women-s-march-on-washington-sandy-covedigby-neck-donald-trump-1.2899568, accessed January 24, 2017.

(2) アメリカの二人の教授、ジェレミー・プレスマン(コネチカット・カレッジ)とエリカ・チェノウェス(デンバー大学)、そしてその学生たちによるチームは、地域の当局者や新聞、あるいはその場にいた人びとや証拠写真を参考に、アメリカおよび世界各地の市町村で二〇一七年一月二一日におこなわれたウィメンズ・マーチの参加者の人数を仮推定した。その値をできるかぎり信頼に足るものにしようとするために、プレスマンとチェノウェスはそれぞれのマーチについて最大と最小それぞれの数字をだしている。たとえばトロントのマーチでは、最大値が六万人であるのにたいし、最小値が五万人と推定されている。Jeremy Pressman and Erica Chenoweth, "Crowd Estimates, 1. 21. 2017," January 25, 2017: https://docs.google.com/spreadsheets/d/1xa0iLqYKz8x9Yc_rfhtmSOJQ2EGgeUVjvV4A8LsIaxY/htmlview?sle=true#grid=0, accessed January 25, 2017.

(3) Pressman and Chenoweth, op cit.

(4) "Behind Trump's victory: Divisions by Race, Gender, Education," Pew Research Center: www.pewresearch.org/fact-tank/2016/11/09/behind-trumps-victory, accessed November 13, 2016. "2016 Election Analysis: Women Voters Did Not Abandon Clinton: Nor Did She Fail to Win Their Support," Barbara Lee Family Foundation and Center for American Women and Politics (CAWP), Rutgers University, November 11, 2016:

http://cawp.rutgers.edu/sites/default/files/resources/pgw_press_release_nov_11_women_voters_final.pdf, accessed February 19, 2017.

（5）以下を参照せよ。www.womensmarch.com, accessed January 15, 2017.

（6）Seema Mehta, "How these Los Angeles-born pink hats became a worldwide symbol of the anti-Trump women's march," *Los Angeles Times*, January 15, 2017: www.latimes.com/politics/la-pol-ca-pink-hats-womens-march-20170115-story.html, accessed January 30, 2017.

（7）Joshua Lott, Getty Images, published in the *Boston Globe*, January 29, 2017. ワシントンのウィメンズ・マーチで言及したボードのメッセージは、二〇一七年一月二一日にワシントンDCで著者自身が撮影した写真にもとづいている。

（8）Alexandra Alter, "Fears for the Future Prompt a Boon for Dystopian Classics," *New York Times*, January 28, 2017. さらにアルターの報告によると、二〇一六年、マーガレット・アトウッドによる『侍女の物語』（斎藤英治訳、ハヤカワepi文庫、二〇〇一年）の売り上げは前年比で三〇%増加している。

（9）二〇一七年二月一八日、ワシントンのウィメンズ・マーチのあと、著者は中国のフェミニスト翻訳家にインタビューをおこなった。この運動の政治的なデリケートさに鑑みて、インタヴュイーについては匿名のままとする。

（10）二〇一七年二月一七日、ワシントンのウィメンズ・マーチに参加していた中国のフェミニスト記者と著者との会話から。その役割のデリケートさにより、彼女の名は匿名のままにした。

（11）レパ・ムラデェノヴィッチと著者のEメールを通じたやりとり（二〇一七年一月二五日）から。

（12）アルヴィ・スミスと著者のEメールを通じたやりとり（二〇一七年一月二三日）から。

（13）エリン・リスと著者のEメールを通じたやりとり（二〇一七年一月二四日）から。

（14）Somini Sengupta, "Margot Wallström on Feminism, Trump and Sweden's Future," *New York Times*,

December 18, 2016.

(15) Stockholm International Peace Research Institute, one of the premier collectors and analysts of worldwide arms manufacture, imports and exports: www.sipri.org, accessed February 1, 2017.

(16) エリン・リスと著者のEメールを通じたやりとり(二〇一七年一月二四日)から。

(17) イギリスの文筆家兼研究者のシンシア・コウバーンは、戦争や軍事主義のジェンダー化された原因について詳細に説明を重ねてきた、もっとも影響力のあるフェミニストのひとりである。たとえば以下を参照せよ。Cynthia Cockburn, *From Where We Stand: War, Women's Activism and Feminist Analysis* (London and New York: Zed Books, 2007); Cynthia Cockburn, *Anti-Militarism* (London and New York: Palgrave Macmillan, 2012). また、ナショナリズムと軍事主義の相互強化的な作用について一貫してするどい洞察をおこなっているのが、トランスナショナルな女性の権利団体による分析である。Women's International League for Peace and Freedom: www.wilpf.org, and Women Living Under Muslim Laws: www.wluml.org.

(18) Peter Kellner, "Brexit: Why Nobody Can Predict How the U. K. Will Vote," *Newsweek*, June 20, 2016: www.newsweek.com/final-week-brexit-safety-first-471153, accessed January 31, 2016; "EU Referendum: Full Results and Analysis," *The Guardian*, June 24, 2016: www.theguardian.com/politics/ng-interactive/2016/jun/23/eu-referendum-live-results-and-analysis, accessed June 24, 2016; Peter Kellner, "General Election 2015: How Britain Really Voted," *Prospect*, June 4, 2015: www.prospectmagazine.co.uk/blogs/peter-kellner/general-election-2015-how-britain-really-voted, accessed July 1, 2015.

(19) Charlotte Proudman and Mary Honeyball, "Six big reasons for women to vote Remain in the EU referendum," *The Independent*, June 23, 2016: www.independent.co.uk/voices/eu-referendum-brexit-nigel-farage-david-cameron-women-reasons-vote-remain-a7097271.html, accessed January 31, 2017.

(20) "Close The Gender Pay Gap," London, The Fawcett Society, 2016: www.fawcettsociety.org.uk/policy-

research/the-gender-pay-gap, accessed February 1, 2017.

(21) "Ethnic Minorities in Politics and Public Life," London, House of Commons Library, March 4, 2016: http://researchbriefings.files.parliament.uk/documents/SN01156/SN01156.pdf, accessed February 1, 2017.

(22) "Fawcett Launches Sex Discrimination Law Review," London, Fawcett Society, January 30, 2017: fawcettsociety. org. uk/news/fawcett-launches-sex-discrimination-law-review, accessed February 4, 2017.

(23) イギリスのフェミニスト、ローラ・ベイツはエヴリデイ・セクシズム・プロジェクトの設立者である。彼女のウェブサイトでは、女性たちに自分が経験した日常的な性差別を記録するよう勧めている。www.everydaysexism.com.

(24) Margot Lee Shetterly, *Hidden Figures* (New York: William Morrow, 2016).

(25) 男性化された権威的な支配者——そしてその地域のフェミニストたちの反応——について、もっとも繊細なフェミニスト的調査をおこなっているものとして以下を参照せよ。Valerie Sperling, *Sex, Politics and Putin* (Oxford: OUP, 2015).

(26) リー・グラント監督によるドキュメンタリー映像『ウィルマー8(*The Wilmer 8*)』(一九八一)は、ミネソタ州の小さな町ウィルマーにある銀行の支店ではたらく八人の女性たちによるストライキを記録している。彼女たちは、自分たちが教育した男性が昇進するかたわらでみずからは薄給の金銭出納係で足止めされることに嫌気がさしたのである。しかし彼女たちは敗北することとなる。

(27) Inter-Parliamentary Union: www.ipu.org/wmn-e/world.htm, accessed February 4, 2017.

第四章

(1) 以下を参照せよ。www.forticonderoga.org.

(2) 以下を参照せよ。www.nps.gov/gett; www.historynet.com.

(3) Drew Gilpin Faust, *This Republic of Suffering: Death and the American Civil War* (New York: Knopf, 2008).

(4) Cynthia Enloe, *Globalization and Militarism: Feminists Make the Link* (Lanham, MD: Rowman and Littlefield, 2nd edition, 2016).〈国際ジェンダー研究〉編集委員会編、二〇〇四『フェミニズムで探る軍事化と国際政治』御茶の水書房。

(5) N. A. Taylor and Robert Jacobs, eds., "Re-imagining Hiroshima," special issue, *Critical Military Studies* 1. 2 (2015).

(6) 以下を参照せよ。http://hpmmuseum.jp.

(7) Rick Rojas, "Seventy Years on, Crowd Gets as Close It Can to the Birthplace of the Bomb," *New York Times*, April 6, 2015; Nathan Hodge and Sharon Weinberger, *A Nuclear Family Vacation: Travels in the World of Atomic Weaponry* (New York: Bloomsbury, 2008).

(8) Katie Engelhart, "When the Bombs Rained Down," *New York Times*, August 30, 2015.

第五章

以下は、この文章の執筆にあたってわたしに影響を与えたフェミニスト的著作の一部である。

Acton, Carol, *Grief in Wartime* (New York: Palgrave, 2007).

Altınay, Ayşe Gül, *The Myth of the Military-Nation* (New York: Palgrave, 2004).

Altınay, Ayşe Gül and Andrea Pető, editors, *Gendered Wars, Gendered Memories* (London and New York: Routledge, 2016).

Badran, Margot, *Feminists, Islam, and Nation: Gender and the Making of Modern Egypt* (Princeton: Princeton University Press, 1995).

Brittain, Vera, *Testament of Youth* (London: Virago, 1978).
Carden-Coyne, Ana, *Reconstructing the Body: Classicism, Modernism, and the First World War* (Oxford and New York: Oxford University Press, 2009).
Carden-Coyne, Ana, ed., *Gender and Conflict since 1914* (London: Palgrave Macmillan, 2012).
Confortini, Catia Cecilia, *Intelligent Compassion: Feminist Critical Methodology in the Women's International League for Peace and Freedom* (Oxford and New York: Oxford University Press, 2012).
Grace, Patricia, *Tu: A Novel* (Auckland, New Zealand: Penguin Books, 2004).
Grazel, Susan R., *Women's Identities at War* (Chapel Hill: University of North Carolina Press, 1999).
Levenback, Karen L., *Virginia Woolf and the Great War* (Syracuse: Syracuse University Press, 1999).
Levine, Philippa, *Prostitution, Race and Politics: Policing Venereal Disease in the British Empire* (London and New York: Routledge, 2003).
"Talking with Our Grandmothers: World War I and the Women's Peace Movement": http://ww1womenspeacemovement.com/node/5.
Winslow, Barbara, *Sylvia Pankhurst* (London: UCL Press, 1996).
Woolf, Virginia, "A Society" (first published in 1921), republished in *The Lady in The Looking Glass* (London and New York: Penguin, 2011, pp.11–34). 佐藤弓生訳、一九九八「鏡のなかの貴婦人――映像」西崎憲編『看板描きと水晶の魚』筑摩書房。

第六章

この研究がもつ意味をじっくりと考えるなかで、ジェフ・ハズマンスとの対話からとても多くを得ることとなった。

また、この論考の内容を豊かにするような資料や考えを共有してくれたマヤ・アイヒラー、テレシア・テイワ、ヴロン・ウェア、アレックス・ハイド、マーサ・アケルスバーグ、デイヴィッド・ヴァイン、アクリティ・パンディ、ニコラ・レスター、そしてトム・グレゴリーに個人的な感謝を伝えたい。

(1) マーゴット・バドランの目を見張らせるような著作によって、エジプトのフェミニスト、フダ・アル・シャアラウィの考えについて学んだ。*Feminists, Islam and the Nation: Gender and the Making of Modern Egypt* (Princeton: Princeton University Press, 1995).

(2) Mary Wollstonecraft, *A Vindication of the Rights of Woman*, ed. Miriam Brody Kramnick (revised edition, London: Penguin, 2004). 白井堯子訳、一九八〇『女性の権利の擁護』未來社。

(3) Cynthia Enloe, *Bananas, Beaches and Bases*, updated 2nd edition (Berkeley and London: University of California Press, 2014). Philippa Levine, *Prostitution, Race and Politics: Policing Venereal Disease in the British Empire* (London and New York: Routledge, 2003). Judith Walkowitz, *Prostitution and Victorian Society* (Cambridge and New York: Cambridge University Press, 1980).

(4) Ann D. Gordon, editor, *The Selected Papers of Elizabeth Cady Stanton and Susan B. Anthony*, vol. 5 (New Brunswick, NJ: Rutgers University Press, 2009). Clare Midgley, *Women Against Slavery: The British Campaigns 1780–1870* (London and New York: Routledge, 1992).

(5) Virginia Woolf, *Three Guineas* (New York: Harcourt Brace, 2006), pp.76–77. 出淵敬子訳、二〇〇六『三ギニー――戦争と女性』みすず書房、九四―九五頁。

(6) Mahiye Seçil Dağtaş, "The Personal in the Collective: Rethinking the Secular Subject in Relation to the Military, Wifehood, and Islam in Turkey," pp.70–97, and Harriet Gray, "The Geopolitics of Intimacy and the Intimacies of Geopolitics: Combat Deployment, Post-Traumatic Stress Disorder, and Domestic Abuse in the British Military," pp.138–165, both in "Everyday Militarism," a special issue of *Feminist Studies*, vol. 42,

no. 1, 2016. Maj Hedegaard Heiselberg, "Fighting for the Family," in "Becoming a Warring Nation: Adjusting to War and Violence in Denmark," special issue of *Critical Military Studies*, vol. 3, issue 1, 2017.

(7) Sarah Bulmer and Alexandra Hyde, "An Introduction to Encounters," *Military Critical Studies*, issue 1, vol. 1, 2015, p.79.

(8) Svetlana Alexievich, *Zinky Boys: Soviet Voices from the Afghanistan War* (New York: Norton, 1992). Nicola Lester, "When a Soldier Dies," *Critical Military Studies*, vol. 1, issue 3, 2015, pp.249–253.

(9) Denise Kiernan, *The Girls of Atomic City* (New York: Touchstone Books, 2013). Kate Brown, *Plutopia: Nuclear Families, Atomic Cities, and the Great Soviet and American Plutonium Disasters* (Oxford and New York: Oxford University Press, 2013). Hugh Gusterson, *Nuclear Rites: A Weapons Laboratory at the End of the Cold War* (Berkeley: University of California Press, 1996).

(10) Rosa Brooks, *How Everything Became War and the Military Became Everything: Tales from the Pentagon* (New York: Simon and Schuster, 2016).

(11) Alexandra Hyde, *Inhabiting No-Man's-Land: The Military Mobilities of Army Wives*, PhD Dissertation, London, London School of Economics and Political Science, 2015.

(12) Ibid., p.102.

(13) Matthew Green, "Military Wives Demand Action on Psychological Wounds of War," *The Guardian*, February 25, 2017: www.theguardian.com/uk-news/2017/feb/26/military-wives-ptsd-mental-health-speak-out-raise-awareness, accessed February 27, 2017. また，イギリス兵士とその妻によるＰＴＳＤの経験にかんする他のインタビューとして，ＢＢＣオーディオ・ドキュメンタリーのシリーズ「内なる敵(The Enemy Within)」を参照。

(14) Ibid. Cynthia Enloe, *Nimo's War, Emma's War: Making Feminist Sense of the Iraq War* (Berkeley:

University of California Press, 2010). Sarah Hautzinger and Jean Scandlyn, *Beyond Post-Traumatic Stress: Homefront Struggles with the Wars on Terror* (Walnut Creek, CA: Left Coast Press, 2014).

(15) 二〇一五年七月五日、フィジーのナディにて、テレシア・テイワと著者の対話から。

(16) Vron Ware, *Military Migrants: Fighting for Your Country* (London: Palgrave, 2012).

(17) Ibid.

(18) David Vine, *Base Nation* (New York: Metropolitan Books, 2015). 西村金一監修／市中芳江・露久保由美子・手嶋由美子訳、二〇一六『米軍基地がやってきたこと』原書房。

(19) Obi Anyadike, "A Rough Guide to Foreign Military Bases in Africa," *the New Humanitarian*, February 15, 2017: https://www.thenewhumanitarian.org/feature/2017/02/15/updated-rough-guide-foreign-military-bases-africa, accessed June 22, 2020. Andrew Jacobs and Jane Perlez, "U. S. Wary of a Chinese Base Rising as Its Neighbor in Africa," *New York Times*, February 26, 2017.

(20) Sanne Terlingen and Hannah Kooy, "Fear and Loathing in Djibouti," *One World*, Netherlands, September 6, 2016: https://longreads.oneworld.nl/en/djibouti_data_traffic, accessed September 6, 2016.

(21) David Vine, *Base Nation*, op. cit.

(22) Martha Ackelsberg and Judith Plaskow, "Why We're Not Getting Married," *Lilith*, Fall 2004: www.lilith.org/articles/why-were-not-getting-married, accessed January 13, 2017.

第七章

(1) Cynthia Enloe, *Does Khaki Become You?: The Militarization of Women's Lives* (London: Pluto Press; Boston: South End Press, 1983).

(2) グルカの歴史にたいするわたしの最初の探究については以下を参照せよ。Cynthia H. Enloe, *Ethnic Sol-*

diers: State Security in Divided Societies (London: Penguin, 1980). グルカの歴史は今なおつづいている。今日、ヨーロッパの民間安全保障会社の男性雇用主はグルカの男性について民族化および男性化された偏見をもっている。そうした偏見について、また民間安全保障会社の従業員として働くことにたいするグルカの男性自身の評価についての詳細は、以下を参照せよ。Amanda Chisholm, "The Silenced and Indispensible: Gurkhas in Private Military Security Companies," *International Feminist Journal of Politics*, 16, 1 (2014), pp.26-47.

（3） 自身もグルカの娘であるクラーク大学の学生セイラ・タマングは、イギリスの軍当局がグルカの妻――たとえば彼女の母――にかけている圧力について気づかせてくれた。イギリス軍のグルカ連隊に入隊したネパール人男性と結婚したネパール人女性についてわたしがはじめて考察したものとして以下を参照せよ。Cynthia Enloe, *Maneuvers: The International Politics of Militarizing Women's Lives* (Berkeley: University of California Press, 2000). 上野千鶴子監訳／佐藤文香訳、二〇〇六『策略――女性を軍事化する国際政治』岩波書店。

（4） Betty Friedan, *The Feminine Mystique* (New York: Norton, 1963). 三浦富美子訳、一九六五『新しい女性の創造』大和書房。

（5） バングラデシュの縫製工場でおきた悲劇や、それがひきおこした透明性や労働権をめぐる長い議論について分析するにあたって、ニューヨーク・タイムズ紙のスティーヴン・グリーンハウスによるジャーナリストらしい粘り強い調査に依拠した。Cynthia Enloe, *Bananas, Beaches and Bases: Making Feminist Sense of International Politics* (Berkeley: University of California Press, revised and updated 2nd ed., 2014). 物事を追究しようとする新聞や雑誌の記事のうち、最近わたしが目を通し、再読し、線を引き、保管したものには以下がある。Sarah Maslin Nir, "The Price of Nice Nails," *New York Times*, May 7, 2015; Sarah Maslin Nir, "Perfect Nails, Poisoned Workers," *New York Times*, May 8, 2015.

（6） Blanche Wiesen Cook, *Eleanor Roosevelt*, 3 vols (New York: Viking, 1992, 1999, 2016).

（7） Hannah Arendt, *The Origins of Totalitarianism* (New York: Harcourt Brace, 1951). 大久保和郎・大島

通義・大島かおり訳、一九七二、一九七四『全体主義の起原 1〜3』みすず書房。

(8) Donna Kate Rushin, "The Bridge Poem," *This Bridge Called My Back*, ed. Cherrie Moraga and Gloria Anzaldua (Watertown, MA: Persephone Books, 1981), pp.xxi-xxii; Gloria T. Hull, Patricia Bell Scott, and Barbara Smith, eds., *But Some of Us Are Brave* (Old Westbury, NY: Feminist Press, 1982). ハル、スコット、スミスによるこの草分け的なブラック・フェミニスト選集には、以下の正式な題名がつけられている。「女性はすべて白人、黒人はすべて男性、しかしわたしたちのなかには勇者がいる("All the Women Are White, All the Blacks Are Men, But Some of Us Are Brave")」。

(9) Ximena Bunster, "Surviving without Fear: Women and Torture in Latin America," *Women and Change in Latin America*, eds. June Nash and Helen Safa (South Hadley, MA: Bergin and Garvey, 1986), pp.297-326.

(10) Kathleen Barry, *Female Sexual Slavery* (New York: Avon, 1979); and Susan Brownmiller, *Against Our Will* (Boston: Beacon Books, 1975). 幾島幸子訳、二〇〇〇『レイプ・踏みにじられた意思』勁草書房。

(11) Myna Trustram, *Women of the Regiment: Marriage and the Victorian Army* (Cambridge, MA: Cambridge University Press, 1984); Judith Walkowitz, *Prostitution and the Victorian Society* (Cambridge, UK: Cambridge University Press, 1980).

(12) Philippa Levine, "Walking the Streets in a Way No Decent Woman Should: Women Police in World War One," *Journal of Modern History*, 66 (1994), pp.34-78; Philippa Levine, "Battle Colors: Race, Sex and Colonial Soldiery in World War I," *Journal of Women's History*, 9. 4 (1998), pp.104-130; Philippa Levine, *Prostitution, Race and Politics: Policing Venereal Disease in the British Empire* (London and New York: Routledge, 2003).

(13) Joni Seager and Ann Olson, *Women in the World: An International Atlas* (New York: Simon and Schuster, 1986). シーガーによる「女性の地図帳」は、あたらしく改訂された第五版がミリアド出版から二〇

一八年に刊行された。なお、二〇〇三年刊行の第三版は日本語に訳されている。原民子・木村くに子訳、堀口悦子翻訳協力、二〇〇五『地図でみる世界の女性』明石書店。

(14) この驚くべき地図帳の最新版については以下を参照。Joni Seager, *The Women's Atlas* (Oxford: Myriad Editions, 2018).

(15) J. Ann Tickner, *Gender in International Relations* (New York: Columbia University Press, 1992). 進藤久美子・進藤榮一訳、二〇〇五『国際関係論とジェンダー――安全保障のフェミニズムの見方』岩波書店。J. Ann Tickner, *A Feminist Voyage through International Relations* (Oxford and New York: Oxford University Press, 2014).

(16) "Five Key Points for a Differential Treatment of Sexual Violence in the Accords on Transitional Justice in the Peace Process," No Time to Keep Quiet Campaign, Sisma Mujer Corporation, National Network of Women, and Humanas Corporation. Bogotá, Colombia, April 27, 2015: www.sismamujer.org/wp-content/uploads/2016/04/Cinco-Subclaves-Reparacion.pdf.

第八章

(1) "Gender Pay Gap and Causes Briefing: Equal Pay Day 2016," The Fawcett Society, November 10, 2016: https://www.fawcettsociety.org.uk/Handlers/Download.ashx?IDMF=ae288cc4-81b0-4c11-a45b-a1bd4836c8e3, accessed June 22, 2020.

(2) "The Global Gender Gap Report 2016," http://www3.weforum.org/docs/GGGR16/WEF_Global_Gender_Gap_Report_2016.pdf.

(3) これらと以下のランキングは、the Global Gender Gap Report 2016, ibid. から。

(4) シンシア・コウバーンは、現代のロンドンの各地域について、それぞれが世界の紛争地域や国際的な移動にたいしてもつ特徴的な関係をまじえながら、読者を夢中にさせるフェミニスト的探究をおこなった。以下を参照せよ。Cynthia Cockburn, *Looking to London: Women's Tales of War, Refuge and Re-homing* (London: Pluto Press, 2017).

(5) Town Charts, Everett MA Demographics: www.towncharts.com/Massachusetts/Demographics/Everett-city-MA-Demographics-data.html, accessed February 12, 2017.

(6) AreaVibes, based on 2015 data from the US Census Bureau: www.areavibes.com/everett-ma/employment, accessed February 12, 2017.

(7) Town Charts, op. cit.

(8) この説明については主として以下を参照した。Shirley Leung, "A triumph long in coming in fair pay fight," *Boston Globe*, August 3, 2016.

(9) ジャンクシーとシモネッリの発言は、いずれも以下の記事で引用されている。Leung, "A triumph long in coming in fair pay fight," ibid.

(10) Germaine Greer and Beatrix Campbell, "Tea and Militancy," *The Guardian*, October 2, 2010: www.theguardian.com/world/2010/oct/02/made-in-dagenham-a-feminist-view, accessed February 14, 2017. 以下も参照せよ。"Beatrix Campbell & the 'Dagenham' Moment," *History Workshop*, October 14, 2010: www.historyworkshop.org.uk/beatrix-campbell-dagenham, accessed February 14, 2017; Simon Goodley, "Dagenham Sewing Machinists Recall Strike That Changed Women's Lives," *The Guardian*, June 6, 2013: www.theguardian.com/politics/2013/jun/06/dagenham-sewing-machinists-strike, accessed February 14, 2017. 今日、イギリスには依然としてジェンダーにもとづく賃金格差が残っているが(二〇一六年後期で一三・九%)、イギリスのフェミニスト団体であるフォーセット協会はそれを注視しつづけている。たとえば以下を参照せよ。"Equal Pay Day," and "The Gender Pay Gap," 2016: www.fawcettsociety.org.uk, accessed February 19, 2017.

(11) Beatrix Campbell, *Wigan Pier Revisited: Politics and Poverty in the 1980s*（London: Virago, 1984）; Dana Frank, *Bananeras: Women Transforming the Banana Unions of Latin America*（Cambridge, MA: South End Press, 2005）; Cynthia Enloe, *Bananas, Beaches and Bases*（Berkeley and London: University of California Press, revised edition 2014）.

(12) Stephanie Ebbert, "Jolted, Women Get Set to Run," *Boston Globe*, February 16, 2017.

(13) Shirley Leung, "The Equalizers: Patricia Jehlen and Ellen Story," *Boston Globe Magazine*, December 18, 2016, p. 25. ボストン・グローブ紙の記者シャーリー・リャングが、賃金の平等をもとめるエバレットのランチ・レディたちの物語を地域の人びとに伝えつづける際に重要な役割を担っていたことは特筆すべきだろう。

(14) この説明は、（8）と（13）に挙げたシャーリー・リャングによる二〇一六年のボストン・グローブ紙の記事両方を参考にしている。

(15) Stacy Cowley, "Pay Equity the Aim, Interviewers Can't Ask 'What Do You Make?'," *New York Times*, August 3, 2016.

(16) ドロシー・シモネッリの発言は、以下の記事で引用されている。Shirley Leung, "A triumph long in coming in fair pay fight," ibid.

(17) ブランシュ・ウィーゼン・クックによるエレノア・ルーズベルトの伝記の決定版のうち、最終巻である第三巻には、第二次世界大戦がいまだつづくなか、「ER」が国際連合の原型をかたちづくろうとしていたことについて興味深い記述がある。彼女は、反人種主義、反植民地主義、人権、そして女性の真の参加を、国際連合の制度的中核にしようとしていた。Blanche Wiesen Cook, *Eleanor Roosevelt: The War Years and After, 1939–1962*, vol. 3（New York: Viking, 2016）.

(18) *UN Tribune*: www.untribune.com/where-do-the-41000-people-working-for-the-un-secretariat-come-from, accessed February 22, 2017.

(19) UN Women, "Gender parity in the United Nations," November 2012: www.unwomen.org/en/how-we-work/un-system-coordination/women-in-the-united-nations, accessed June 22, 2020.

(20) Karin Landgren, "The Lost Agenda: Gender Parity in Senior UN Appointments," *Global Peace Operations Review*, December 14, 2015: http://peaceoperationsreview.org/commentary/the-lost-agenda-gender-parity-in-senior-un-appointments, accessed October 8, 2016.

(21) たとえば以下を参照せよ。Dionne Searcey, Norimitsu Onishi, and Somini Sengupta, "Clinics for World's Vulnerable Brace for Trump's Anti-Abortion Cuts," *New York Times*, January 26, 2017.

(22) わたしはここ何年にもわたって、国連におけるジェンダー化されたしくみ――CSWの三月の年次総会に渦巻く政治的論争を含む――について、トランスナショナルな市民社会運動にたずさわる以下のフェミニスト運動家たちからおしみなく教えてもらっている。Madeleine Rees, Nadine Peuchguirbal, Anne Marie Goetz, Maria Butler, Abigail Ruane, Ray Acheson, Cynthia Rothschild, Charlotte Bunch, Vanessa Farr, Nela Porobić Isaković, Elin Liss, Sanam Anderlini, Carol Cohn, and Lena Ag.

(23) Amnesty International, USA Section, "A Fact Sheet on CEDAW: Treaty for the Rights of Women," www.amnestyusa.org/sites/default/files/pdfs/cedaw_fact_sheet.pdf, accessed February 22, 2017; CNN, "U.S. Drops the Ball on Women's Rights," March 8, 2013: http://edition.cnn.com/2013/03/08/opinion/baldez-womens-equality-treaty, accessed February 22, 2017.

(24) NGO Working Group on Women, Peace and Security: www.womenpeacesecurity.org, accessed February 22, 2017. WILPF国連本部によるウェブサイトは、一三二五号が与えた影響――そしてそれにたいしてとられた回避策――をめぐる近況のもっともよい情報源のひとつとなっている。www.peacewomen.org.

(25) たとえば二〇一六年には、トランスナショナルに組織されたフェミニスト環境保護活動家たちや女性環境大臣ネットワークによる何年にもわたる努力の結果、国連環境プログラムは、あらゆる側面で――温暖化も含む——地球環境をかたちづくっているジェンダーのダイナミクスにかんして、史上初となる地球規模のアセスメントを認可した。以下を参照せよ。https://www.unenvironment.org/resources/report/global-gender-and-environment-outlook-ggeo. フェミニスト地理学者であるジョニ・シーガーは、この報告の代表執筆者である。

(26) 国連の交渉による武器貿易条約の要件として「ジェンダーにもとづく暴力」をいれようとする運動についての説明は、以下を参照せよ。Cynthia Enloe, *Bananas, Beaches and Bases* (Berkeley and London: University of California Press, revised edition, 2014).

(27) UN Women, "SDG 5: Achieve Gender Equality and Empower All Women and Girls," UN Women, 2015: www.unwomen.org/en/news/in-focus/women-and-the-sdgs/sdg-5-gender-equality, accessed February 24, 2017.

(28) この説明は、国連にするどい眼差しをむける以下のいくつかの報告を参考にしている。Anne Marie Goetz, "Still No Country for Women? Double Standards in Choosing the Next UN Secretary-General," *50-50: Inclusive Democracy*, July 28, 2016: www.opendemocracy.net/5050/anne-marie-goetz/still-no-country-for-women-double-standards-choosing-next-UN-Secretary-General, accessed July 30, 2016; シャーロット・バンチと著者との二〇一六年八月五日の対話。さらに以下も参照せよ。Somini Sengupta, "Security Council Backs New Leader for U. N.," *New York Times*, October 6, 2016; Somini Sengupta, "Known for Nerve and Savvy, Next U. N. Leader Needs Both," *New York Times*, October 14, 2016; International Center for Research on Women, "Toward a More Feminist United Nations: A 100 Day Agenda for the New Secretary-General," ICRW, Washington, D. C., December, 2016: www.icrw.org/publications/toward-feminist-united-nations-100-day-agenda-new-secretary-general, accessed January 9, 2017.

(29) これ以降の説明は、ニュース報道と、国連の内部や周辺で長くはたらいている何人かのフェミニストたちへのインタビューの両方にもとづいている。ワンダーウーマンの選択がひきおこした抗議のデリケートさに鑑みて、インタビューには個人を特定する情報をふせることを約束した。あまりに簡潔なこの説明に少しでも興味をそそられた読者がいたなら、調べてみることをお願いしたい。国連内部の家父長制的ダイナミクス、そしてそれにたいする抵抗について、いまだ答えられていない問いがいくつも残っているのだ。

(30) 以下を参照せよ。www.thepetitionsite.com/741/288/432/reconsider-the-choice-of-honorary-ambassador, accessed October 22, 2016; Somini Sengupta, "Wonder Woman Faces Challenge at U. N.: A Recall Petition," *New York Times*, October 21, 2016.

(31) 以下を参照せよ。www.thepetitionsite.com/741/288/432/reconsider-the-choice-of-honorary-ambassador, accessed October 22, 2016.

(32) ワンダーウーマンの創出およびその発案者とされている人と、貢献者であることが判明した女性たちについての厳密で興味深い説明は、以下を参照せよ。Jill Lepore, *The Secret History of Wonder Woman* (New York: Knopf, 2014). 鷲谷花訳、二〇一九『ワンダーウーマンの秘密の歴史』青土社。

(33) 一九七〇年代にアメリカのテレビ番組でワンダーウーマンを演じた、メキシコ系のルーツももったアメリカ人俳優のリンダ・カーターは、国連の論争の最中、インタビューでワンダーウーマンを擁護し、ワンダーウーマンはアメリカ的ではなく「アマゾン的」な象徴だと語った。Alex Williams, "Wonder Woman Grapples with Modern Foes: Critics," *New York Times*, December 25, 2016.

(34) 以下を参照せよ。www.thepetitionsite.com/741/288/432/reconsider-the-choice-of-honorary-ambassador, accessed October 22, 2016. もうひとつの手厳しい批判に、サナム・ナラギ・アンダリーニによる文章がある。彼女は、国際市民社会アクションネットワーク（ＩＣＡＮ）の共同創設者であり、また平和と安全保障にかんする政策や活動のなかで女性を真剣に扱うよう長年国連にたいしてロビー活動をおこなってきたフェミニストのひとりでもある。以下を参照せよ。http://sister-hood.com/sanam-naraghi-anderlini/wonder-woman-makes-real-women-wonder-un, accessed November 3, 2016.

(35) Nicole Puglise, "Wonder Woman announced as UN Ambassador Amid Staff Protest," *The Guardian*, October 21, 2016: www.theguardian.com/books/2016/oct/21/wonder-woman-un-ambassador-staff-protest, accessed December 14, 2016.

(36) Nurith Aizenman, "Wonder Woman's U. N. Job Comes to an End," National Public Radio, December 13, 2016: www.npr.org/sections/goatsandsoda/2016/12/13/504968772/wonder-womans-u-n-job-comes-to-an-end, accessed December 14, 2016. また以下も参照せよ。Erin McCann, "U.N. Shuts Down Campaign Featuring Wonder Woman," *New York Times*, December 14, 2016.

訳注

序章

＊1　ドードーは、絶滅動物の大型の鳥。かつてモーリシャスとその付近の島に生息していた。

第一章

＊1　プッシーは幼児語で猫のことだが、俗語として女性器を意味する。

＊2　マーガレット・アトウッド(一九三九年—)はカナダ出身の作家。五〇以上の長編、短編、詩、児童向け作品、ノンフィクションを執筆している。

＊3　ウィメン・イン・ブラックは、不正義、戦争、軍事主義、暴力に反対し、正義をもって平和を築きあげようとする世界規模の女性たちのネットワーク。黒い衣服に身を包んだ女性たちが黙って街頭にたつ、という抗議のかたちをとることが多い。

＊4　国民戦線は、二〇一八年に国民連合(フランス語では Rassemblement National)に改称している。

＊5　フォーセット協会はイギリスの慈善団体。女性の権利と男女平等を推進するため一八六六年に設立された。

＊6　『マッドメン』は、一九六〇年代のニューヨーク、マディソン街に働く広告業界人を描いたアメリカのテレビドラマシリーズ(二〇〇七—一五年に放送)。

＊7　『ハウス・オブ・カード』は、デヴィッド・フィンチャー監督と主演のケヴィン・スペイシーらが製作総指揮したアメリカのドラマシリーズ(二〇一三—一八年に放送)。

＊8　『ザ・クラウン』は、ピーター・モーガンの原作・脚本でイギリス女王エリザベス二世の治世を描いた、

アメリカとイギリス合作のテレビドラマシリーズ(二〇一六年—放送中)。
*9　チャールズ・ディケンズ(一八一二—七〇年)は、一八五九年の長編小説『二都物語』でイギリスの銀行員の仕事ぶりを描いた。

第二章

*1　MADREは、ジェンダーにもとづく暴力をなくしたり、公正な平和を築いたりするためのプログラムを実施する組織。アフリカからラテンアメリカ、カリブ海地域、中東までの広範囲で活動している。
*2　コード・ピンクは、アメリカの軍事主義とその戦争に反対する、女性による草の根組織。アメリカ主導のイラク戦争に抗するため二〇〇二年に発足した。平和と人権を尊重し、医療や教育などに税金を使うことをもとめる。
*3　国際市民社会アクション・ネットワーク(ICAN)は、紛争や軍事主義、過激主義の影響下にある国々で、包括的で持続的な平和を推進しようとする組織。本書に登場するサナム・ナラギ・アンダリーニはこの組織の設立者である。
*4　クィンナ・ティル・クィンナ(Kvinna till Kvinna)は、スウェーデン語で「女性から女性へ」の意。一九九三年、旧ユーゴスラヴィアにおける紛争を受けて、スウェーデンの平和運動と女性運動がもとになって設立された組織。紛争があった二〇以上の国々で女性の権利のためにはたらきかけ、一三〇をこえる団体に支援をおこなっている。
*5　マイレッド・マグワイア(一九四四年—)は、北アイルランド紛争にたいする非暴力的な解決をたたえられ、ベティ・ウィリアムスとともに一九七六年のノーベル平和賞を受賞した。
*6　シリン・エバディ(一九四七年—)は、イラン出身の弁護士。民主主義や人権、とくに女性と子どもの権利のための功績を評価され、二〇〇三年のノーベル平和賞を受賞した。イスラム教圏でははじめての女性の受賞

者。

＊7　聖金曜日の和平合意は、別名はベルファスト合意。北アイルランド紛争の解決にむけて一九九八年四月に成立した。

＊8　『悪魔よ地獄へ帰れ』は、アメリカの公共放送局PBSが二〇一一年に放送した「女性、戦争、平和」五部作シリーズのひとつで二〇〇八年に映画化。中心人物であるレイマ・ボウィは、リベリアの女性の安全や、平和構築への女性の参加を実現させるための苦闘をたたえられ、二〇一一年のノーベル平和賞を受賞した。

＊9　ウィメン・リビング・アンダー・ムスリム・ローは、一九八四年に発足し、七〇カ国以上で活動する。イスラムの教えにもとづくとされる法や慣習の影響下にある女性たちを、情報や集合的な空間の提供といったかたちで支援している。

＊10　イクオリティ・ナウは、ニューヨークに本部をおくフェミニズムの国際人権団体。法の力によって世界中の女性と少女の人権を推進し、守ることを目指して活動している。

＊11　カラマは、女性にたいする暴力をなくそうとする人びとのあいだに連携をもたらすことを目指す組織。主として中東や北アフリカで活動している。

＊12　WANDは、女性の政治的な力を高めることを目指す組織。とくにアメリカの対外政策の非軍事化と外交の推進や、国家安全保障をめぐる対話における女性の意見の拡大にむけて活動している。

第三章

＊1　『あつまれ！　仲間たち』は、一九四三年に制作されたバズビー・バークリー監督のミュージカル・ラブ・コメディ。カルメン・ミランダは看板スターのブラジル人歌手を演じた。

＊2　テクニカラーは商標で、カラー映画の製作方式の一種である。

＊3　ラテックスはゴムの木の樹皮に傷をつけることで採取される乳白色の液体で、ゴムの原料になる。

＊4　リリーパッドは、軍事戦略の呼称。睡蓮（リリー）の葉（パッド）という名の通り、小規模な軍事基地をいくつも設置することで、拠点をネットワーク化し、迅速な対応を可能にすることが企図されている。

第四章

＊1　グリーン・マウンテン・ボーイズはアメリカ、バーモント地方の民兵組織。グリーン・マウンテンとはアパラチア山脈の山で、この地方の農民たちは、一七六〇年代後半から土地所有者や植民地総督らにたいする闘争を展開した。

＊2　フレンチ・インディアン戦争は、一七五四年に北アメリカで勃発した、イギリスとフランスのあいだの植民地戦争で、一七六三年に終結した。

＊3　ゲティスバーグ演説は、アメリカ史上もっとも重要な演説のひとつとされている。エイブラハム・リンカーンは、この演説で「勇敢な男たち」として兵士たちをたたえ、その死を「無駄死ににしない」ことを聴衆に訴えた。

＊4　マシュー・ブレイディ（一八二二―九六年）は、アメリカ出身の写真家。南北戦争を記録するための撮影隊を組織し、兵士たちについて戦場をまわった。

＊5　第一章訳注3のように、ウィメン・イン・ブラックは黒い衣服に身を包むが、このとき何人かの女性たちは黒いかっぽう着を身につけることで国防婦人会をパロディ化した。当時の様子を教えてくれた伊藤るり、嶋田美子、本山央子さんに感謝する。

第五章

＊1　ブルー・プラークは、イギリスでみられる青色の銘板。著名な人物やなにか貢献をした人物の名を刻んで、その生家や住居、仕事場、あるいは亡くなった場所に掲げられる。

＊2　ディエン・ビエン・フーの戦いは、一九五四年、第一次インドシナ戦争のなかでおこなわれた戦い。同地におけるフランスの支配をおわらせることになった。

＊3　フランスとのあいだでおこなわれた第一次インドシナ戦争は一九五四年に終戦となっているので、ここでは第二次インドシナ戦争、すなわちベトナム戦争のことを指している。

＊4　ソンムの戦いは、フランス北部のソンム河畔でおこなわれた戦いで、フランスおよびイギリス軍とドイツ軍が衝突。第一世界大戦のなかでももっとも大規模で凄惨をきわめた戦闘のひとつで、一〇〇万人以上の死傷者をだした。

＊5　エメリン・パンクハースト(一八五八―一九二八年)はイギリスの女性参政権活動家。クリスタベル・パンクハースト(一八八〇―一九五八年)はその長女で、二人はともに女性社会政治同盟(WSPU)のリーダーを務めた。

＊6　シルビア・パンクハースト(一八八二―一九六〇年)はイギリスの政治活動家。女性参政権運動にくわわっていたものの、社会主義者であり、母エメリンや姉クリスタベルとは意向を異にしていた。

＊7　ルーシー・トゥマイアン(一八九〇―一九四〇年)は、アルメニアの女性運動・平和運動家。ハーグでの国際女性会議の前に平和マニフェストをだした。

＊8　ジェーン・アダムズ(一八六〇―一九三五年)はアメリカ出身の社会活動家。とくに困窮する人びとの支援に尽力し、シカゴに「ハルハウス」というセツルメント(第七章訳注6参照)を創設した。WILPFの長を務めたことでも知られ、一九三一年のノーベル平和賞を受賞した。

＊9　アレッタ・ジェイコブス(一八五四―一九二九年)はオランダ出身の医者。オランダで大学に通い医学で学位取得したはじめての女性として知られる。女性参政権運動にも積極的にたずさわり、また、WILPFの設立者のひとりでもある。

＊10　この銅像の三人の女性とは、既婚女性の財産権や女性の教育機会を訴えたアビゲイル・アダムス(一七四

ルーシー・ストーン(一八一八―九三年)のことを指す。四―一八一八年)、アフリカ系アメリカ人としてはじめて詩集を刊行したフィリス・ホイートリー(一七五三頃―八四年)、エリザベス・キャディ・スタントンやスーザン・アンソニーとともに女性の参政権運動を率いた

第六章

＊1　ファースト・ネイションはイヌイットとメティをのぞく先住民を指す。一九七〇年代から「インディアン」にかわって用いられるようになった。

＊2　フダ・アル・シャアラウィ(一八七九―一九四七年)は、エジプトのフェミニストで、「ハーレム」(近親以外の男性の出入りが禁じられた、女性専用の部屋)に異を唱えたほか、ヴェールを拒否した最初の女性のひとりとして知られる。

＊3　一八六九年に、ジョセフィン・バトラー(一八二八―一九〇六年)は性病法にたいする抗議運動をはじめ、各地でスピーチをおこなった。一八八三年には同法は無効となり、その三年後に撤廃された。

＊4　リットン・ストレイチー(一八八〇―一九三二年)は、イギリス出身の伝記作家、批評家。二〇世紀初頭に芸術家や学者が属したブルームスベリー・グループのひとり。『ナイティンゲール伝』(岩波書店)など訳書も多数ある。

＊5　バンコとは、アメリカで女性たちに人気のあるサイコロを用いたゲームのことである。

＊6　テレシア・テイワ(一九六八―二〇一七年)は、詩人、教育者、活動家。太平洋研究で知られ、太平洋歴史学会長も務めた。とくにフィジーの現代的な問題、太平洋地域におけるフェミニズムや女性の活動、今日の太平洋地域の文化やアート等に着目した。

＊7　ライト・フットプリントは、米軍の軍事戦略の一種で、みえにくいかたちで、遠距離から、より低リスクにおこなわれる作戦を指す。

第七章

＊1　ハギス、ヘザー、ピートはいずれもスコットランドを特徴づける単語で、ハギスは料理名、ヘザーは植物名、ピートは泥炭のことを指す。

＊2　ナンシー・ハンクス（一七八四—一八一八年）は、エイブラハム・リンカーンの母。現在のウェストバージニア州に生まれた。

＊3　『テリーと海賊』は、冒険アクションもののコマ割り漫画。一九三四年に連載を開始した。

＊4　ロバート・バーンズ（一七五九—九六年）は、スコットランド出身の詩人である。

＊5　ロバート・ルイス・スティーヴンソン（一八五〇—九四年）はスコットランド出身の作家。日本ではとくに『宝島』や『ジキル博士とハイド氏』などが有名である。

＊6　セツルメント運動は、支えあいの精神にもとづくボランタリズム運動。移民や貧困層が暮らす地域に移り住み、ともに生活することで、具体的な問題やニーズを知ろうとした。アメリカでは一八八〇年代に開始している。

＊7　モンテッソーリは教育法の一種で、子どもの自主性を尊重することをうたっている。

＊8　ページェントは、一般に野外劇を指す。クリスマス・ページェントはキリスト教の行事のひとつで、イエス・キリストの降誕を演じる劇のことである。

＊9　シェルドン・ウォーリン（一九二二—二〇一五年）は政治学者。『政治とヴィジョン』（福村出版）など訳書も多数ある。

＊10　フリースピーチ運動は、一九六四年の秋にカリフォルニア大学バークレー校ではじまった学生運動。学生の政治的な活動を禁止しようとする大学側への抗議が運動のひとつの主眼となっていた。座りこみ、集会、建物の占拠、ストライキなどさまざまなかたちをとった。

＊11　チャルマーズ・ジョンソン(一九三一―二〇一〇年)は、東アジア、とくに日本と中国の政治を専門とする政治学者。『帝国解体』(岩波書店)など訳書も多数ある。

＊12　バーバラ・スミス(一九四六年―)は、ブラック・フェミニズムの確立において重要な役割を果たしたフェミニスト。クィアの権利運動の主要人物としても知られる。

＊13　ビヴァリー・スミス(一九四六年―)は、バーバラ・スミスの双子の姉妹で、おなじく、ブラック・フェミニストとして、とくに健康問題などを中心に活動している。

＊14　ケイト・ルーシン(一九五一年―)は、ブラック・フェミニストで詩人である。

＊15　ベアトリクス・キャンベル(一九四七年―)は、イギリスのフェミニストで作家、社会批評家である。

＊16　デール・スペンダー(一九四三年―)は、オーストラリアのフェミニストで言語と性の研究者。日本では、『ことばは男が支配する』(勁草書房)の著者として知られる。

＊17　サリー・アレクサンダー(一九四三年―)は、イギリスのフェミニストで歴史家、活動家である。

＊18　一九九〇年にチリでは一六年におよんだピノチェト軍事政権にかわって民主政党連合のエイルウィンが大統領に選出され民政移管を果たした。

＊19　ダブルデーは女性が賃金労働にくわえて無償労働の二重負担を負っていることをあらわす概念。セカンドシフトともいう。

＊20　マンスプレイニングは、男性が女性にたいして上から目線で知識をひけらかす様子をあらわす概念。レベッカ・ソルニット『説教したがる男たち』(左右社)をきっかけにひろまった。

＊21　トルコ出身の人類学者のアイシエ・グル・アルトゥナイ、セルビアの反戦運動家のレパ・ムラデェノヴィッチ、韓国女性政策研究院の権仁淑《クォン・インスク》、イスラエルの平和運動家のレラ・マザリ、日本の国際社会学者の伊藤るり、アイルランドの女性学研究者のアルヴィ・スミス、スウェーデンの政治学者のアニカ・クロンセルのことを指す。

第八章

＊1　二〇二〇年の経済領域のジェンダー・ギャップは、アメリカが二六位、イギリスが五八位だった。「同種業務にたいする賃金の平等」だけだと、アメリカが四七位、イギリスが七六位である。www3.weforum.org/docs/WEF_GGGR_2020.pdf(二〇二〇年八月二日参照)

＊2　エレノア・ルーズベルト(一八八四―一九六二年)は、国連総会でアメリカの代表を務めたほか、国連人権委員会では委員長を務め、世界人権宣言の草案に多大な影響をおよぼした。

＊3　ヴィジァヤ・ラクシュミ・パンディット(一九〇〇―九〇年)はインドの外交官、政治家、またインドの独立にむけて闘った活動家。女性としてはじめて国連総会の議長についたほか、国連人権委員会ではインドの代表を務めた。

＊4　グローバル・ギャグ・ルールの正式名称は「メキシコシティ政策」で、レーガン政権下の一九八四年に制定された。中絶関連のサービスの提供やその権利の推進をおこなう、あるいはそれについて議論しようとする非アメリカ系のNGOに対して、アメリカの対外資金援助を禁止する施策である。

＊5　持続可能な開発目標(SDGs)は二〇三〇年までに持続可能でよりよい世界を目指す国際目標のこと。一七のゴールの五番めがジェンダー平等の実現となっている。

＊6　サッフォーは古代ギリシャの女性詩人でレスボス島出身。ギリシャ神話では「アマゾン」という女戦士だけの部族が描かれており、一九世紀末から二〇世紀初頭の女性参政権運動家や女性の権利を主張する人々にとって重要な意味をもつ語のひとつだった。同様に、詩人サッフォーの詩も運動家によって引用され、彼女の出身地とされるレスボス島とともに当時の女性参政権運動家らにとって象徴的なものだった。

終章

＊1　イーディス・キャベル（一八六五―一九一五年）は、イギリスの看護師。第一次世界大戦時、兵士の命を敵味方の区別なく扱い、ドイツ占領下のベルギーから連合国軍兵士の脱出を助け、反逆罪として死刑に処された。

訳者あとがき

本書は、Cynthia Enloe, *The Big Push: Exposing and Challenging the Persistence of Patriarchy* (Oxford: Myriad Editions, 2017) の全訳[1]である。

シンシア・エンローの訳書としては、すでに『戦争の翌朝――ポスト冷戦時代をジェンダーで読む』(池田悦子訳、緑風出版、一九九九年)、『策略――女性を軍事化する国際政治』(上野千鶴子監訳・佐藤文香訳、岩波書店、二〇〇六年)があり、今年は本書以外にも、『バナナとビーチと軍事基地』の改訂版の翻訳が刊行されることになっている。著者の業績紹介などは、すでに前訳書『策略』の訳者解題でおこなったので、このあとがきでは、監訳者として思い出語りをさせていただくことをお許しいただきたいと思う。

冷たい雨がぱらつきはじめるなか、茗荷谷駅の改札をぬけたところに、その人はたっていた。わたしはドキドキしながら彼女に近づき声をかけた。「あなたがシンシア・エンロー教授ですね?」、「ええ!」。キラキラした目の奥に好奇心の光がいっぱいに灯っていた。

それは二〇〇三年の冬だった。当時、彼女はお茶の水女子大学のジェンダー研究センターに客員教授として招聘されており、わたしは彼女のセミナーの一コマでコメンテーターをすることになっていた[2]。

わたしたちは、改札のすぐ横にあるカフェテリアにはいった。それから二時間ほどだったろうか。電子辞書を片手につたない英語で自分の研究のことを伝えようとするわたしに、彼女は本当に忍耐強く耳を傾け、あなたの研究はとても重要だ、と全身で励ましてくださったのだった。

当時、わたしは自衛隊におけるジェンダー政策と女性自衛官についての博士論文[3]を書きあげたばかりだったが、とても孤独だった。日本のフェミニストたちにとって、自衛隊の「女性兵士」研究は歓迎されざるもの、むしろ、警戒すべきものだった。ある女性史の大家は「日本のフェミニズムの一角に女性兵士論が登場したことは遺憾だ」とはっきりと書いた。女性学の雑誌では、わたしの論文を掲載するならば自分は編集委員を辞任する、といった人もいた。査読者から「自衛隊を軍隊としてあつかうような著者が将来論壇にでていくことを憂慮する」と告げられたこともある。彼女たちが、軍事組織での男女平等な権利を求めるような主張にたいし警戒心をいだく気持ちを、わたしはよく理解——共感さえ——していた。それでも、駆け出しの研究者として、「自衛隊の女性を研究するよりももっと大事なことがあるだろうに」といった類のことをいわれるのはとてもつらかった。

こうした批判をする人びとは、軍隊によって明確な被害を受けている女性たち——たとえば「慰安婦」であるとか基地周辺で軍人から性暴力被害にあった女性たち——を研究することこそ、重要だと考えていた。その重要性はまったく疑う余地がなかったけれど、わたしはそれでもなお、自衛隊の女性にも目をくばる必要があるのではないかと思っていた。エンローの著作に魅せられていったのはこうした自分自身の苦闘を背景としている。

ここで、あらためて、女性の軍隊参入をめぐる考え方を、エンローの整理に依拠してふりかえっておきたい[4]。第一に「楽観主義者」の立場がある。アメリカで女性の徴兵登録を求めたり女性兵士の戦闘参加を要求したようなフェミニストがこれに該当するが、彼女たちは、女性が増えれば軍隊は今よりよいものになると考えた。軍隊は家父長制的ではなくなり、男性化された暴力の文化が薄れるだろう。そして、そのような軍隊は「敵」と闘うよりも、災害から人びとを救うような、脱軍事化されたものになっていくだろう、と。

一方に「悲観主義者」がいる。軍隊に女性が増えることは女性の軍事化をまねくだけだ、と彼女たちは考える。女性兵士の存在は人びとを幻惑し、軍事化された文化を社会によりいっそう深く根づかせることを助けたとしても、軍隊の家父長制的な性質をけっして変化させたりはしないだろう、と。当時、日本のフェミニストたちのほとんどはこの「悲観主義者」の立場をとっていた。

しかし、エンローは第三の可能性があるかもしれない、と示唆する。軍事化と脱軍事化はときに同時進行し、家父長制は混乱をきたすかもしれない。だから、軍隊に女性が参入するという現象をつぶさに観察することもまた、研究者が果たすべき重要な仕事である、と。

自分自身が訳出することになった彼女の主著『策略』で、つぎのような文章に出会ったとき、どんなに勇気づけられたかを、今でもはっきりとおぼえている。

> 軍事化によって抑圧されている女性たちのために働く女性と、軍事化を通じてより大きな機会を求めている女性たちのために働く女性が、互いに何の共通点もないと考えること、あるいはもっと悪くすれば、互いを政治的な敵対者であると想定する方向に気持ちが傾くかもしれない。だが、こうした思いこみは、ジェンダー化された軍事化の全貌を検証されないままにしてしまうだろう。
>
> （『策略』二二九―二三〇頁）

女性兵士を研究する者にはたしかに自身を軍事化しかねないリスクがつねにつきまとう。だが、それはひきうける価値のあるリスクだ、と彼女はいった。なぜなら、女性兵士を研究しないままにしておくならば、わたしたちが軍事化という過程や家父長制の適応能力についてけっして十分理解することはできないのだから、と。エンローの著作に、そして彼女自身に出会わなければ、わたしは、自衛隊が日本社会に根づいてきた過程を検証するにあたって、女性自衛官のはたしてきた役割に光をあてることは不可欠だ、という考えをもちつづけることはできなかったと思う。⑤

女性たちを「共犯」へと誘いこみ、分断するダイナミクス――策略――への着目は、彼女の数々の仕事をつらぬいてきたものだ。そして、本書では、その集大成として、家父長制がもつ驚くほどの順応性が考察の焦点となっている。⑥家父長制とは、ある特定の男らしさを、それ以外の男らしさとすべての女らしさにたいし特権化する信念と価値観だ。それは、相互に関連する多くの過程――軍事化はその重要なひとつである――にささえられ、さまざまな「とるに足りない」規則や期待として社会のなかに編みこまれている。

「もしも家父長制社会がむきだしの抑圧に依存しているのなら、長続きはしない」（本書ｖ頁）――そう、だからこそ、わたしたちは、家父長制が人びとに――男性ばかりでなく、女性にたいしても――あたえている報酬を、喜びを、誇りを、安堵する気持ちを、みつめなければならない。エンロー自身が、本書の第七章で政治学を専攻する大学院生の女性としてはじめて、ティーチング・アシスタントのリーダーに選ばれた経験に言及しているように、それは、研究する者の目を曇らせ、妥協させ、探究をおろそかにさせるようなものでもある。だから、わたしたちはみな、みずからの共犯性をたえず、内省しつづけることが必要なのだ。

それにしても……みずからのキャリアを損なうことをおそれ、「怖い女」と思われないように注意深くそのふるまいを自己検閲すること。アカデミアで「まとも」にあつかわれようとして「フェミニズム」などまったく関心のないふうを装うこと。身もだえするようなこの状況を、彼女自身はいったいどうやって生き延びてきたのか？　いつか訊いてみたい……ずっとそう思っていた。

最初の出会いから一〇年経った二〇一三年の冬——チャンスはやってきた。ジェンダー史学会が創立一〇周年をむかえ、「軍事化とジェンダー」をシンポジウムのテーマに掲げたことで、シンシア・エンローが基調講演者としてふたたび来日することになったのだ。[7] この機会をとらえ、わたしたち一橋大学ジェンダー社会科学研究センター（CGraSS）は、レクチャー・シリーズに彼女を招き、講演をしていただくことにした。[8] 演題は「フェミニスト魂を捨てずに、研究者としてのキャリアを追求できるか？」。この講演は、CGraSSが翌年からとりくむことになっていたジェンダー研究のパイオニアたちのライフストーリー収集プロジェクトのキックオフイベントで、本書の第七章にはこのときの話もくみこまれている。

「フェミニスト」「魂《ソウル》」「アカデミア」、そして「キャリア」——たがいになじみのない、ときに緊張関係をもつようなこれらを維持しつつ、正気でいつづけること、その難しさと可能性について、彼女は語ってくれた。

「フェミニスト研究者」とは居心地の悪いものであり、むしろ、居心地よく感じられているとしたら、それはなにかを失いつつあるというサインかもしれない。先の四つを共存させていくうえで鍵となるのは「教えること」だった、と彼女は語った。知を一方的に伝授するのではなく、学生とともに、ほんの半歩先を歩むこと。自分は教育を人生の中心にすえようと、つねに意識してきた、と。

そして、このみじかい講演のあいだにも、彼女は聴衆の学生たちの迷いに真剣にむきあい、ディスカッションでよせられた彼らの質問にたいしていくつものアイディアを即座にしめした。

――「そんな研究は××学ではない」という教授に反論するのは難しいことだけれど、その教授が答えはわかりきっていると思っているその推測を問いとして検証したいのだと伝えてみてはどうでしょう。

――外部からの批判を避けるための武器として専門用語《ジャーゴン》をつかってはだめ。研究者としての「魂」をたもつなら、そんな反民主主義的な専門用語のつかいかたはしないはず。「教えること」はそのとき、鍵となる。「教えること」はわたしたちを謙虚にし、象牙の塔にとじこもることを防いでくれる相互作用なのだから。

――大学の学問文化を変えるには、個人でいどむのではなく、あたらしいネットワークをつくること。ＣＧｒａＳＳのように学際的なセンターをつくることは戦略のひとつになるでしょう。

――「ナイーブ」「感覚的」「感情的」というのは、「とるに足りない」と相手を女性化する家父長制的な防衛の常套手段。だから、そんな言葉を投げかけられてもけっしてあきらめないで。

本書全体をとおして、とりわけ日本語版序文や第三章において、よくあらわれていると思うが、どんなときも、誰にたいしても、彼女は「あなたから学びたい」という姿勢でのぞむ。たとえどんなに稚拙な研究計画を語っても、たとえどんなにたどたどしい英語を話しても、彼女はいつもあのキラキラした目と真剣なうなずきを交互にみせながら、辛抱強く、そして好奇心をもって、じっと耳を傾けていた。大学院をでたばかりだったわたしにあの日そうしてくれたように、きっと、そうやって、世界中の若い研究者たちの背中を押しつづけてきたことだろう。

シンシア・エンローは、二〇二〇年、長年の教育・研究者としての活躍をたたえられ、ＩＳＡ(International Studies Association)のＩＳＳＳ(International Security Studies Section)より「ディスティングイッシュド・スカラー(傑出した研究者の意)」の称号を得た。この栄誉を授けられる三番目の女性研究者であり、初の批判的安全保障研究の研究者とのことである。この訳者あとがきは、コロナ禍で流れてしまった受賞記念のラウンドテーブルで話す予定だったスピーチ原稿をもとに書きあげた。シンシアさんに心よりお祝い申しあげたい。

『策略』以来ほぼ一五年ぶりとなる岩波書店での翻訳プロジェクトで、大橋久美さんとふたたびご一緒できたことは望外の喜びであった。かつておかけしてしまった労苦にたいし、この仕事ですこしでも報いることができたなら、と願ったものの、やはり今回も有能な彼女の助けなくしてこの本を完成させることはとうていできなかった。

前回、上野千鶴子さんがわたしのためにひとはだぬいでくださった監訳者の役割を、今回はわたし自身がはたすことになった。一橋大学大学院社会学研究科博士課程の田中恵さんはその期待に存分にこたえ、当時のわたしをはるかにうわまわる精度で本書を訳出してくれた。また、同課程に在籍する留学生のノーラ・ワイネクさん、スティーヴン・マキンタヤさんには人名の表記について相談にのっていただいた。彼らは二〇一六年から一八年にかけて、五巻八三本二〇〇〇頁超のフェミニスト国際関係論の論文集[9]の「講読マラソン」に加わってくれた伴走者だった。刊行直前の今、こうしたかたちでバトンをつなぐことのできる幸せをかみしめている。だれかがだれかにバトンを渡し、だれかがだれかの背中を押す。たとえ、途中で走ることに疲れ、たちどまることがあっても。ときには押された勢いのあまり、うっかりバトンを落としたとしても。これまでも、これからも、ずっと――「〈家父長制〉は無敵じゃない」。

本書を、亡き母と「姉妹たち」に捧げる。

二〇二〇年夏

佐藤文香

（1）ただし、訳出にあたっては、第一章のみ、著者の了解を得て一部を割愛した。

（2）担当したのは「なぜ軍隊内部の女性に注目するか」という回で、このセミナー・シリーズの記録は『フェミニズムで探る軍事化と国際政治』（〈国際ジェンダー研究〉編集委員会編、御茶の水書房、二〇〇四年）として刊行されている。

（3）博士論文はその後、『軍事組織とジェンダー――自衛隊の女性たち』（慶應義塾大学出版会、二〇〇四年）として公刊した。

（4）もちろん、執筆の時期によってエンロー自身の比重のおきかたは微妙に異なっている。この整理の仕方はこの来日時にわたしがコメンテーターをつとめたセミナーのなかでしめされたもので、注（2）の記録集と共に、以下で詳細に記述されている。*Globalization and Militarism: Feminists Make the Link* (Maryland: Rowman & Littlefield, 2007), pp. 78-83.

（5）この点については注（3）の拙著以降、折にふれさまざまな媒体に書いてきた。最新のものとしては以下を

参照。「女性兵士は男女平等の象徴か?」『世界思想』四六号（世界思想社、二〇一九年）、"The 'Benevolent' Japan Self-Defense Forces and Their Utilization of Women", *Hitotsubashi Journal of Social Studies*, 51 (1), 2020.

（6）この家父長制の順応性と変化し続ける性質を強調するため、本書タイトルは〈家父長制〉と表記をしている。

（7）この基調講演がきっかけで、メアリー・ルイーズ・ロバーツ『兵士とセックス——第二次世界大戦下のフランスで米兵は何をしたのか?』（佐藤文香監訳・西川美樹訳、明石書店、二〇一五年）を刊行することになった。

（8）この講演の記録はＣＧｒａＳＳの『ジェンダー研究を継承する』アーカイブ特設ページにおさめられている。http://gender.soc.hit-u.ac.jp/sentanken14/special_Enloe.html.

（9）Christine Sylvester ed., *Feminist International Relations I-V* (London: Routledge, 2010).

シンシア・エンロー(Cynthia Enloe)
1938年生．カリフォルニア大学バークレー校で政治学博士号．
現在，クラーク大学政治学・女性学教授．専門：フェミニスト国際関係論，国際政治学．
著書：*Does Khaki Become You? The Militarization of Women's Lives* (1983),『バナナとビーチと軍事基地』(原著1989/2014，邦訳：人文書院より近刊予定),『策略　女性を軍事化する国際政治』(原著2000，邦訳：岩波書店2006)ほか多数．

佐藤文香
1972年生．慶應義塾大学大学院政策・メディア研究科博士課程修了．博士(学術)．
現在，一橋大学大学院社会学研究科教授．専門：ジェンダー研究，社会学．
著書：『軍事組織とジェンダー』(慶應義塾大学出版会，2004)，『ジェンダー研究を継承する』(編著，人文書院，2017)，『ジェンダーについて大学生が真剣に考えてみた』(監修，明石書店，2019)．訳書：シンシア・エンロー著／上野千鶴子監訳『策略　女性を軍事化する国際政治』(岩波書店，2006)，メアリー・ルイーズ・ロバーツ著／西川美樹訳『兵士とセックス』(監訳，明石書店，2015)．

田中 恵
一橋大学大学院社会学研究科博士課程在籍．専門：ジェンダー研究，社会思想．

〈家父長制〉は無敵じゃない
——日常からさぐるフェミニストの国際政治
シンシア・エンロー

2020年10月16日　第1刷発行

監訳者　佐《さ》藤《とう》文《ふみ》香《か》

発行者　岡 本　厚

発行所　株式会社 岩波書店
〒101-8002 東京都千代田区一ツ橋2-5-5
電話案内 03-5210-4000
https://www.iwanami.co.jp/

印刷・三陽社　カバー・半七印刷　製本・牧製本

ISBN 978-4-00-061425-2　　Printed in Japan